성과를
부르는
영업의
기술
70

성과를 부르는 영업의 기술 70

어떤 영업인들은
Top Seller로 도약하는데
왜 다른 영업인들은
그저 그런 영업인으로
남아 있는가?

김상범 · 오정환 글

푸른영토

프롤로그 |

무엇이 영업의 성과를 좌우하는가?

사회에는 수많은 전문가가 있다. 의사, 변호사, 디자이너, 피아니스트, 운동선수…. 그들은 자신의 전문성을 키우기 위해 피나는 노력을 기울인다. 그런데 어떤 이는 큰 성공을 거두지만, 어떤 이는 현상 유지에 그치거나 실패의 늪에 빠진다. 이유가 뭘까? 사람들은 역량 차이가 성패를 좌우한다고 생각하고 계속해서 많은 시간을 역량 강화에 투자한다. 하지만 역량을 키우는 것만으로는 성공을 보장할 수 없다. 고객 마음은 전문적 역량만으로 얻어지는 것이 아니기 때문이다. 그러면 어떻게 해야 할까? 그동안 우리는 영업조직을 관리하고, 관찰하고, 성과가 좋은 영업사원들을 인터뷰하며 영업에서 성공하려면 무엇이 필요한지 찾아내려고 애썼다. 이 책은 그런 노력의 결과라고 생각하면 된다.

성과가 좋은 영업사원들은 고객의 마음을 얻는 요소로 3가지를 꼽는다. 지식과 스킬, 태도다. 지식은 운동선수의 기량이나 피아니스트의 연주 능력, 의사의 진료 기술 같은 직업에 따른 전문적 역량을 말한다. 스킬은 자신의 역량을 판매하는 방법이고, 태도는 고객을 대하는 마음가짐의 표현이다. 이 중에서 성과에 직접 영향을 미치는 요소는 스킬이다. 일례로 보험이나 자동차 분야에서는 고객이 구매를 결정하는 데 영업 스킬이 80% 정도의 영향을 미친다고 한다. 분야에 따라 정도의 차이는 있지만 영업 스킬이 고객의 마음을 움직인다는 사실에는 변함이 없다.

운동선수나 변호사 등의 전문가들이 연습하고 공부하는 시간의 일부를 할애해서 영업 기술을 익힌다면 더 큰 성공을 거둘 수 있을 것이다. 영업사원은 말할 것도 없다. 그런데도 아직 많은 영업사원이 영업의 기본이자 성과의 핵심 요소인 영업 스킬을 등한시하고 있다.

이 책은 총 3개의 파트와 70개의 스토리로 고객 마음을 얻는 영업 스킬을 현장 사례를 들어 디테일하게 설명한다. 업종이나 업태, 조직 규모에 따라 조금 다른 부분이 있지만, 고객 마음을 얻어 실제 성과를 올리는 데 필요한 실천적 스킬을 익히기에는 부족함이 없을 것이다. 이 책으로 날로 어려워지는 영업 환경에서 영업사원 자신과 조직의 성장은 물론 노력 이상의 결과를 올릴 수 있기를 바란다.

2021년 10월

김상범 · 오정환

CONTENTS

PART 3 성과를 향상시키는 영업의 기술

PART 1

고수에게 배우는 영업의 기술

skill of sales 01

고수는 찾아나서고, 하수는 기다린다

내 친구 이야기를 해보겠다. 사람은 좋지만 영업사원으로서는 형편없는 친구다. 영업을 하루 이틀 한 것도 아니니 경력이 부족한 탓은 아니다. 자기 업무를 잘 알고 있으니 지식이 부족한 것도 아니고, 기술이나 기교가 부족한 것도 아니다. 겉으로 드러나는 조건만 본다면 만만찮은 능력을 갖춘 영업사원이다. 경력이 풍부하고 똑똑하고 붙임성이 있는 데다 교육 수준도 높고 화술도 좋다. 전화든 면담이든 고객응대도 잘 해낸다. 그런데 성과는 형편없다. 문제가 무엇일까?

자세히 한번 상황 묘사를 해보겠다. 이 친구는 매일 정시에 출근한다. 자리에 앉아 컴퓨터를 켜고 이메일에 회신하고 잠재 고객에게 연락한다. 제안서 작성, 일정 조정도 잘 해내고, 자신의 업무 방식을 뒤돌아보기도 하며, 다른 영업사원과 전략을 토론을 하기도 한다. 판매 과정에서 언제 어떤 이야기를 꺼내야 할지도 잘 안다.

다루는 제품을 잘 알고 발도 넓고 비즈니스도 정말 많이 알고 있다. 누가 누구와 안면이 있고, 중요 고객을 확보하려면 어떻게 접촉해야 하는지 늘 기발한 아이디어를 제공하곤 한다.

그런데 과연 문제가 무엇일까? 힌트를 주겠다. 내가 이 친구에게 "자네의 파이프라인이 빈약한 주된 이유가 뭐라고 생각하나?" 하고 물었더니, 한다는 소리가 "좀 더 나은 마케팅 방법이 필요해. 보다 실속 있는 잠재 고객 연락처가 부족해서 그런 거야"였다.

여기서 우리는 무엇을 알 수 있을까? 우리는 이 친구가 영업에서 절대 성공하지 못한다는 사실을 알 수 있다. 고객이 자신에게 와주기를 기다리고 있기 때문이다. 이 이야기를 하는 이유는 이런 경우가 허다하기 때문이다. 세상에는 영업사원이 수천, 수백만 명이 있다. 실패하는 영업사원은 아무것도 하지 않으면서 대박 판매, 승진, 더 큰 집, 복권 당첨, 더 나은 직장, 더 나은 삶같이 뭔가가 일어나기만을 기대하고 있다.

이 이야기는 이 책에서 가장 먼저 다루어야 할 주제이자 내가 말하려는 모든 내용과 연관되어 있다. 바로 '영업의 진정한 의미는 무엇일까?'라는 것이다.

고객을 기다리지 마라. 고객이 당신을 기다리고 있다. 사실 온 세상이 당신을 기다리고 있다. 그런데도 희망이 보이지 않는 직장에 묶여 있거나 하는 일이 뜻대로 되지 않아 우울해하는 당신 친구들이 실은 모두 뭔가가 저절로 일어나기만을 기다리고 있다는 사실이다. 그들이 기다리는 것은 무엇일까? 마술처럼 뭔가가 나타나 자기들 코앞에 떨어지길 기다리는 걸까? 아마도 가족이나 친구들이 도와줄 것이라고 기대하는지도 모른다. 하지만 부모나 친구가 더 나은 직장이나 더 나은 삶을 제공할 수 있을까? 그럴 가능성은 거의 없지 않을까? 그렇다면 누가 이것을 쟁취해야 할까?

다시 내 친구 이야기로 돌아가 보자. 이 친구도 자기 코앞에 뭔가가 떨어지기만을 기다린다. 마케팅 부서에서 고객을 자기에게 연결해 주기를 기다리는 것이다. 하지만 그렇게 될 가능성은 거의 없다. 매출은 마케터들이 아니라 영업사원들이 일으키는 것이다.

내가 영업직 지원자 면접을 볼 때 어떤 자질을 눈여겨보는지 아는가? 나는 지시를 기다리기보다 스스로 현장에서 무언가를 이루어내 본 사람을 찾는다. 사내 경연 대회에서 우승해본 적이 있거나, 신념에 따라 자원봉사를 해본 적이 있거나, 학교 운동부에서 리더로 활약해본 적이 있는 사람 말이다. 이런 사람들이 성공할 가능성이 높다. 이들은 가만히 앉아서 무슨 일이 일어나기를 기다리지 않는다. 성공하겠다고 욕망이 있는 사람이다.

당신은 어떠한가? 스스로 나서서 뭔가를 하는 사람인가? 주도적인 사람인가? 스스로 적극적인 사람이라고 생각하는가? 만일 그렇다면 당신은 영업 분야에서 성공하는 데 필요한 자질을 갖춘 사람이다.

매우 기초적인 이야기지만 적극성은 영업활동의 기본이다. 고객이 전화해 주기를 기다리는 사람은 결코 성공하지 못한다. 고객들은 영업사원에게 전화를 걸어주지 않는다. 간절한 마음으로 적극적으로 영업하는 사람들의 전화를 받기도 바쁘기 때문이다.

세상이 당신을 위해 길을 터주기를 기다리지 마라. 지금 밖으로 나가 영업활동을 시작하라!

skill of sales 02

고수는 배움을 멈추지 않는다

전화로 주문을 받는 것은 '영업'이 아니다. 계산대에 앉아 고객에게 미소를 짓는 것도 '영업'이 아니다. 제품을 보여주며 가격 흥정을 하는 것도 '영업'이 아니다. 이건 어떨까? 기업을 방문해서 자신을 영업담당자라고 소개하고 커피를 마시며 새로운 '설루션'에 대해 이야기하는 것. 하지만 이 또한 절대로 '영업'이 아니다.

전화를 받을 때 좀 더 심층적으로 응대하는 것, 계산대에서 나와 고객에게 관심을 보이는 것도 좋지만, 자신의 제품이나 서비스를 보여주기 전에 질문부터 하고, 기업을 방문해서 자신을 영업 담당자라고 소개하고 커피를 마시며 그 기업의 사정과 이슈들을 이해하는 것이 바로 '영업'이다.

그런데 반대로 하는 영업사원이 있다. 질문 같은 것은 생각도 하지 않고 자신이 취급하는 제품이나 서비스를 설명하기 바쁘다. 기업 사정이나 이슈를 이해하기는커녕 자신의 처지를 이해해 달라고 말하며 동냥하듯이 말을 늘어놓는다. 물론 질문을 하고 고객을 이해하려면 스킬이 필요하다. 이런 스킬이 없는 영업사원은 절대 좋은 성과를 내지 못한다. 그래서 성과가 좋은 영업사원은 세일즈를 할 때 어떤 지식과 기술이 필요한지 잘 안다. 잘 알기 때문에 부족한 기술을 배우고 익히기 위해 노력한다. 당신도 한 번 생각해 보라. 지금까지는 부족했지만 이것을 채우고 나면 성과를 높일 수 있는 지식이나 스킬이 무엇인가? 지금까지는 하지 않았지만 지금부터 시작하면 세일즈로 성공하겠다고 생각하는 것은 무엇인가?

영업조직에서는 세일즈에 필요한 지식과 기술을 익히도록 사내 강사를 활용하거나 외부강사를 초대하여 다양한 교육을 실시한다. 이때 적극적으로 배우고 익혀 세일즈 활동에 활용하는 영업사원이 있는 반면, '교육이라면 학교 다닐 때도 싫었는데 이 나이 먹어서까지 공부를 하느냐'라며 진저리 치는 영업사원이 있다. 성공의 크기가 다를 수밖에 없다. 배움이 얼마나 중요한지 모르는 사람은 성장에 한계가 있다. 조금 하다 그만두고 다른 일을 하며 여기저기 기웃거리는 사람은 배우기 싫어하는 공통점을 지닌 사람들이다. 뭐든지 끝장낼 각오가 없는 사람은 무슨 일을 하든 큰 성과를 거두지 못한다. 영업하는 사람은 열심히 배우고, 그것을 현장에 적용하여 성과를 이끌어 내려고 노력하는 사람이다.

skill of sales 03

고수는 질문하고, 하수는 떠든다

영업 고수와 하수를 구별하는 가장 쉬운 방법은 대화를 어떻게 진행하는지 관찰하는 것이다. 고수는 질문을 하고 상대방 반응에 귀를 기울인다. 이런 과정을 통해 먼저 상대방 생각을 이해하고 난 후, 그에 맞춰 이야기를 진행한다. 이에 반해 하수는 상대방을 이해할 필요를 느끼지 못하고, 그것을 원하지도 않는다. 단지 자기 생각만 주장한다. 질문은 하지 않고 자기 생각을 말하기에 바쁘다.

상대방을 이해하려는 게 아니라 자기가 이해받기를 원한다. 이것이 바로 고수와 하수를 구별하는 기준이다. 그렇다면 하수는 어느 경우에 팔 수 있을까?

- 가격이 아주 낮을 때
- 독특한 제품이나 서비스가 있을 때

- 기발하고 새로운 특징을 갖춘 제품이 있을 때

이런 경우에는 들어줄 그들에게 이야기하는 것만으로 충분하다. 텔레비전이나 인터넷 같은 대중매체를 통해 말이다.

그렇다면 고수에게 맞는 것은 어떤 경우일까?

- 가격이 비싼 제품을 영업하거나(경쟁업체보다 비싼 경우)
- 영업하려는 대상이 독특하거나 특별하지 않을 경우
- 구매하는 쪽이 다소 '복잡한' 경우(여러 주주들이 당신의 제안을 거절하거나 승낙할 수 있는 경우)

이때는 영업을 해야 한다. 이야기만으로는 부족하다. 고객에게 차별되고 높은 가격을 정당화할 수 있는 설루션을 제안하기 전에, 고객이 속한 조직의 복잡성을 이해해야 한다. 이처럼 영업은 쉬운 일이 아니다. 요약하면 다음과 같다.

- 고수는 먼저 묻고 경청하는 반면, 하수는 자기 이야기만 한다.
- 고수는 질로, 하수는 양으로 승부한다.
- 고수는 상대의 문제를 해결해 주고, 하수는 물건만 팔리기를 바란다.

skill of sales 04

고수는 포기하지 않는다

영업을 시작한 지 얼마 되지 않은 시절 한 선배가 에디슨의 명언을 인용해 말했다.

"영업은 10%의 영감과 90%의 노력으로 이루어진다."

당시에 나는 무슨 말인지 이해하지 못했다. 선배가 잘 난 척하는 거라고 생각했다. 하지만 몇 년 고생하고 나서 영업의 참신함도 사라져갈 즈음 서서히 선배 말이 마음에 와닿기 시작했다. 바로 '노력'이 얼마나 중요한지 깨우치게 된 것이다. 매일 아침 눈을 뜨면 무조건 영업을 시작해야 한다는 사실을 깨달은 것이다. 여기에 덧붙여 특정 영업 상황에서 노력이라는 말이 어떤 의미가 있는지 알아보겠다.

먼저 현재 영업 상황이 다음 3가지 항목에 모두 해당하는지 생각해 보자.

- 할 수 있는 것은 다 해보았다.
- 고객이 이제는 결정을 내려주기를 바란다.
- 조만간 아무 일도 일어나지 않는다면 계약을 포기할 작정이다.

내 조언은 이것이다. "그래도 끈기 있게 시도하라!" 지금까진 정말 제대로 된 고객과 제대로 된 설루션, 좋은 타이밍까지 다 갖추고 있었는데, 오늘 갑자기 엉망이 된 상황이라도 말이다. 구매의사가 아주 강력해 보였는데 갑자기 뭔가 변한 상황, 왜 진작 판매를 못하고 있었나 싶은 마음이 들 정도의 상황, 이처럼 충격적이거나 기겁할 정도로 엉망인 상황이라도 말이다. 그렇지만 팔아야 한다. 끈기 있게 시도하자.

- 상대방이 거절해도… 끈기 있게!
- 상대방이 응답 전화를 주지 않아도… 끈기 있게!
- 상대방이 생각해 보겠다고 해도… 끈기 있게!
- 상대방이 결정을 못 내리겠다고 해도… 끈기 있게!

만약 계약을 위해 가능한 방법은 다 써보았다는 생각이 든다면 원점에서 다시 생각해 보자. 처음부터 다시 시작하자. 당신이 지닌 자신감을 고객에게 보여줄 뭔가 새로운 것을 생각해내라.

- 고객의 생각이 왜 달라졌는지를 알아내라.
- 전화를 더 자주 하라.
- 전화 후 메시지나 음성 메시지를 남기라.(만나서 반갑다느니 다음에 만나자는 내용같이 가벼운 내용부터 새로운 정보를 제공하는 내용)
- 추가 문의를 받아내라.
- 마음에 와닿을 만한 편지를 보내라.
- 누군가를 점심에 초대하라.
- 신규 잠재 고객에게 연락을 취하라.
- 다른 사람의 의견을 들어보라.
- 고객의 집 앞에 텐트라도 치라(필요하다면).

때로는 끈기 하나만으로도 성공과 실패가 결정된다.

skill of sales 05

고수는 고객의 욕구를 이해한다

영업사원에게 '영업 프로세스' 중 가장 좋아하는 단계를 물어보면 기꺼이 대답해 주는 반면, '구매 프로세스' 중 가장 좋아하는 단계를 물어보면 이상하게 쳐다본다. 불행한 일이다. 사실 고객 구매 프로세스를 이해하고 이에 영향을 주는 능력이 영업 프로세스 이해보다 훨씬 더 중요한데도 말이다. 왜냐하면 고객이 바로 구매하는 사람이기 때문이다.

예를 들어보자. 영업사원이 고객의 요구를 알아보기 위해 고객에게 간다. 그러나 이때 고객이 자신의 요구를 만족하기 위한 해결책을 여러 군데서 알아보고 있다는 걸 파악하지 못했다고 하자. 그걸 모르고 꼬치꼬치 캐물으면 고객은 다음과 같은 생각을 가지며 불편함을 느낄 수 있다.

"왜 계속 이런 질문을 하는 걸까? 내가 원하는 건 해결책인데 말이야."

당신은 성사 단계에 있다고 생각하는데(판매절차), 고객은 아직 검토 중(구매 절차)인 경우에도 거래를 성사하려는 당신 노력이 고객을 불편하게 만들어 "생각해 볼게요"와 같은 거절을 받을 가능성이 높다.

당신 영업 프로세스는 잠시 접어두고 '고객은 지금 어느 단계에 있는가'를 생각해 보라.

skill of sales 06

고수는 고객을 최우선에 둔다

최근에 나는 비교적 분별력이 있는 한 영업사원이 중요한 고객과 한 방문 약속(판매 방문)을 서류가 밀렸다는 이유로 취소하는 상황을 보고 충격을 받았다. 여기서 당신은 어떤 스킬이 판매를 이끌고, 당신에게 매출과 이익을 창출해 준다고 생각하는가? 이 두 가지는 서류를 작성하거나, 고객과 비즈니스 니즈를 이야기하는 것이지만 이 경우는 우선순위가 잘못되었다.

내 생각에 정답은 우선순위 관리를 통해 순위를 정하고 지키는 것이다. 하루에 일정 시간을 할애해서(업무시간 이전이나 이후에) 내부 서류를 처리한다. 만약 정한 시간 내에 그 서류를 다 처리하지 못한다면, 할 수 없다. 서류는 기다릴 수 있다. 당신이 연말에 할당량을 다 채우지 못해도 부서장은 "당신이 할당량을 못 채우기는 했지만, 서류 정리를 아주 잘했어요! 계속 서류 정리를 잘해주세요!"라고 말하지는 않을 것이다.

그러니까 중요한 사실은 고객이 가장 우선되어야 하며, 다른 모든 것은 고객 다음이어야 한다는 것이다. 만약 어떤 사람이 내부 회의 등을 위해 당신에게 고객과 약속한 미팅을 미루라는 따위 말을 하면, 부서장에게 가서 상황을 정리하는 것이 바람직하다. 당신의 부서장은 왜 회의나 발표보다 영업이 더 중요한지 기쁘게 설명해 줄 것이다. 반드시 고객은 항상 먼저여야 한다.

skill of sales 07

고수는 자신감이 넘친다

온몸에서 자신감을 풍기는 사람을 한 번쯤 만나본 적이 있을 것이다. 고객은 자신감 있는 영업사원과 거래하는 것을 좀 더 편하게 여긴다. 자신감과 능력 사이에 밀접한 상관관계가 있기 때문이다.

이런 상황을 상상해보라. 영업을 하러 가는 길인데 곧 만날 고객의 성난 음성 메시지를 듣게 된다. 바로 당신이 판매하는 시스템에 오류가 생겨 멈춘 것이다. 전에도 이런 일이 여러 번 있었기 때문에 고객은 몹시 화가 나 있는 상태고, 당신은 고객에게 앞으로는 문제가 없을 거라고 장담해온 터다. 게다가 지금 당신은 고객에게 더 비싼 제품으로 시스템을 업그레이드하라고 설득해야 하는 상황이다. 설상가상으로 고객은 결정권이 있을 뿐 아니라 경쟁사 사람을 만나보려고 한다. 경쟁사는 당신 회사보다 훨씬 더 안정적이고 경제적인 제품을 갖추고 있다고 주장하고 있다. 이 고객이 남긴 차가운 메시지를 듣는 당신 심정은 어떨까?

당신이 이제 막 영업을 시작한 때라면 이와 유사한 상황을 맞이하게 될 확률이 거의 100%이다. 고객 사무실을 향해 한 걸음 한 걸음 내디딜 때마다 스트레스 지수가 올라가게 될 것이다. 이 고객과는 이제 안녕이니 보너스는 생각도 말아야 한다. 장장 10년 동안 거래해온 고객을 놓쳤다는 이야기를 매니저가 알면 어떤 반응을 보일까? 이렇게 기가 죽은 상태로 고객 사무실에 들어가면 무슨 일이 일어날까? 첫 단추를 잘못 끼웠으니 마지막 단추도 잘 끼우기 어렵다. 더욱 나쁜 일은, 고객이 기가 죽은 당신 모습을 보는 순간 자신감과 능력은 비례한다고 생각하게 되리라는 사실이다. 고개를 푹 숙인 채 고객 사무실을 방문하여 이런저런 변명을 늘어놓는다면, 고객이 당신을 보고 무슨 생각을 할지 한번 상상해보기 바란다.

'흠, 아무래도 이 회사는 한물갔나 보군.'

'뭐가 됐든 이 회사는 문제를 해결하지 못할 것 같아.'

'나에게 뭔가 감추는 게 있는 것 같아.'

'그 많은 돈을 투자했는데 시스템은 작동도 안 해. 아무래도 이제 다른 대안을 찾아봐야겠어.'

이런 상황일 때 이렇게 한번 해보라. 다음번에 매우 중요한 판매 방문을 앞두고 있을 때 당신 자신감을 당신과 고객 사이에 놓인 갈림길이라고 상상해 보라. 왼쪽 갈림길인지, 오른쪽 갈림길인지에 따라 당신 결정은 아래처럼 달라질 것이다.

왼쪽 갈림길 : 자신감 높음 ➜ 결정 : 방문 실행!

오른쪽 갈림길 : 자신감 낮음 ➜ 결정 : 방문 중단!

만약 오른쪽 갈림길에 있다면, 분명 자신감이 낮은 이유가 있을 것이다. 늘 그랬던 것이 아니라면 말이다. 이때 문제점을 고칠 수 있다는 생각이 들면, 그 순간부터 충분한 시간을 투자하여 고쳐야 한다.

- 시스템 엔지니어에게 연락해서 반복적인 시스템 정지의 근본 이유를 파악하라.
- 관리자에게 연락해서 문제를 설명하고 조언을 구하라.
- 보다 안정적인 시스템 운영 방법을 찾아내기 위해 즉각적으로 연구를 진행하라.
- 고객을 방문할 때 시스템 엔지니어와 동행해서 고객에게 '문제 해결팀'이라고 소개하라.
- 고객이 안심하도록 당신의 최고 고객 중 한 사람에게 부탁해서 지금 고객 문제는 예외적으로 발생한 것일 뿐이라고 이야기해달라고 하라.

• 시스템 정지가 고객의 비즈니스에 어떤 영향을 끼치는지 확인하고, 비즈니스가 지속되도록 신속하고 창의적인 해결 방안을 강구하라.

다소 시간이 늦어지더라도 자신감을 높인 상태에서 고객을 방문하는 것이 자신감 없는 상태로 제시간에 도착하는 것보다 훨씬 낫다. 만약에 문제가 커서 곧바로 해결하거나 도움을 주기 어려울 경우에는, 되도록 방문 약속을 다시 잡거나 자신감이 복구될 때까지 방문을 미루라. 중요한 미팅에서 낮은 자신감을 보이면 고객은 당신 능력을 의심하게 되고, 그렇게 해서 문이 닫히면 다시 열기 어렵기 때문이다. 고객은 당신이 무능하다는 사실을 알면 구매하려 하지 않는다.

skill of sales 08

고수는 상황을 예단하지 않는다

상황을 근거 없이 추측은 영업사원의 아킬레스건이다. 우리는 잠재 고객을 마치 따놓은 고객인 양 이야기한다. 고객의 사업, 니즈, 의사결정 과정, 그의 조직을 많이 안다고 자랑스레 늘어놓는다. 하지만 우리는 단지 관찰이나 직관으로 추론하거나 단정을 내려버리는 경우가 얼마나 많은가.

이런 경우가 있었다. 나는 11월에 최종 계약이 성사될 것이라고 확신했다. 구체적 사실에 근거한 확신은 아니었다. 짧은 시간에 수집한 조각 정보를 바탕으로 성사될 것 같은 '느낌'을 갖게 된 것이다. 그런데 실제로 일이 진행되어야 할 시점이 되자 내 느낌을 정당화할 어떤 구체적 사실도 찾을 수 없었다.

결과는 당신이 상상한 대로다. 성사될 거라고 예상한 시점보다 8개월이나 미루어졌다.

이런 사례도 있다. 흔히 하기 쉬운 추측으로 계약 진행을 정체하게 만든 경우다.

- **고객이 제안서를 볼 준비가 됐다고 추측했지만…**, 사실 고객은 기술사항이 궁금했을 뿐임
- **고객이 견본을 필요로 한다고 추측했지만…**, 사실은 견본 없이도 살 수 있었음
- **자세한 제안서를 제출해야 한다고 추측했지만…**, 사실 결정권자는 너무 자세한 것을 싫어함
- **비서는 사장에게 접근하는 데 약간 방해가 되는 인물 정도일 거라고 추측했지만…**, 사실 사장은 비서 동의 없이는 아무것도 안 함
- **우리 아니면 경쟁업체를 택할 것이라고 추측했지만…**, 사실은 제3의 저가 공급자가 있었음
- **분기 말에 결정을 내릴 것이라고 추측했지만…**, 고객은 아직 예산이 없음
- **가격만 괜찮다면 우리를 택할 것이라고 추측했지만…**, 고객은 거래를 원하는 다른 경쟁업체에 가격을 더 내리도록 압력을 행사하기 위해 우리 제안서를 이용하려 함
- **결정권자가 그 사람이라고 추측했지만…**, 사실 그는 우리 회사나 제안서에 대해 전혀 모르는 다른 사람에게 일을 넘겨주려 함
- **성사되었다고 추측했지만…**, 계약은 이미 2주 전에 물 건너감

이처럼 성급한 추측 탓에 정말 많은 거래가 성사되지 못한 것이다. 오늘날에는 변화의 속도 때문에 추측이 과거보다 훨씬 더 위험해졌다. 사실을 제대로 알고 철저한 조사와 연구로 실제 상황을 정확히 파악하더라도 늘 조심해야 한다. 세상은 빠르게 돌아가므로 잠시 한눈파는 사이 판매 상황이 한순간에 바뀔 수 있다.

더 이상 공식 조직도를 인쇄하지 않는 회사도 많아졌다. 인쇄되어 나올 때쯤이면 이미 뭔가가 또 바뀌어 있기 때문이다. 해결책은 간단하다. 사실관계를 제대로 알고 있다는 생각이 들 때 이런 질문을 던져보라. '이게 사실이란 걸 내가 정말 알고 있는 걸까? 추측하고 있는 건 아닐까?' 그리고 조금이라도 자신이 없다면 고객에게 물어보라.

이제 고객과 상담할 때 적용해 보도록 하자. 먼저 고객의 계획과 목적을 작성한 후 고객에게 고객이 얻을 이점을 소개한다. 예를 들어 다음과 같은 식으로 말해본다.

"저희는 고객님이 변화하는 고객들의 요구에 집중하도록 도와주며, 고객님의 팀 내부에서 협업이 제대로 되지 않을 때 야기되는 번거로운 업무 낭비를 막아줍니다."

그런 다음 당신이 고객 계획을 작성한 적이 전혀 없던 것처럼 고객에게 계획의 빈칸 메우기를 도와달라고 부탁한다. 대화가 끝나고 추측에 근거한 당신의 계획안과 고객 면담에 근거한 계획을 꼼꼼히 비교해보라.

사실에 근거했다면 두 계획은 비슷해야 한다. 당신이 추측을 많이 하는 편이라면 이런 연습이 현실감을 키우는 좋은 방법이 될 것이다. 이 방법으로 고객 관계에서 당신과 당신 팀에 도움이 될 뭔가를 배우게 된다.

skill of sales 09

고수는 고객의 입장을 생각한다

고수들의 영업 비밀 중 하나는 판매하려는 제품이 무엇인지가 아니라 고객이 제품을 구입하려는 이유가 무엇인지에 집중하는 능력이다. 고객 입장에 서면 고객의 진짜 문제가 무엇인지, 제품이나 서비스가 문제를 해결하는 데 어떻게 도움이 될 것인지 파악할 수 있다. 그리고 심각한 문제를 해결해 준다면, 구매 목록 맨 위에 당신 제품이 올라갈 가능성이 매우 높아진다.

고객중심으로 생각하려면 먼저 고객층을 파악해야 한다. 고객 회사나 역할에 따라 부딪히는 문제가 다르기 때문이다. 문제가 다르면 제품을 구매하는 이유도 달라진다. 다음은 몇 가지 가이드라인이다.

운영부서

어느 회사든 대다수 인원을 차지하는 운영부서 사람들은 대개 자기 업무와 관련해서 반응을 보인다. 예를 들어 생산부서 사람은 디자인 스펙에 반응하고, 구매부서 사람은 주문에, 고객관리부서 사람은 서비스 전화에 반응한다. 이들의 특징은 직접 문제를 해결한다는 것이다. 걱정도 여기에 있다. 이런 고객들과 소통하려면 고객 문제가 무엇인지, 문제 해결을 어떻게 도와줄 수 있는지 생각해야 한다.

관리부서

관리부서 사람이라면 위 문제를 너무 고민하지 않아도 된다. 관리자는 회사 내에서 견제하고 균형을 잡는 사람이다. 그들의 과제는 회사 업무가 계획대로 문제없이 잘 추진되도록 하는 것이다. 따라서 그들의 관심사는 '지금, 여기here and now'다. 그들은 목표의 관점에서 현재의 성과에 신경을 쓴다. 목표에 닿는 데 방해되는 것이 있을 때 그들은 스트레스를 받는다. 이런 고객과 대화할 때는 무엇이 관리 목표에 걸림돌이 되는지, 그것을 어떻게 해결해야 할지 강구해야 한다. 경영진과 대화할 때는 절대로 제품 이야기를 하지 않아야 한다. 그런데 안타깝게도 많은 영업사원이 제품 이야기를 좋아하다 보니 멋모르고 말을 꺼내게 되는데, 이는 영업사원이 흔히 저지르는 실수다. 제품 특징이나 이익은 실제로 문제를 맡아 해결하는 운영부서 사람들에게 맞춘 것이다.

경영진은 운영부서 사람들을 고용해서 문제를 해결하도록 지시하기만 한다. 그들의 시선은 저 멀리 앞에 무엇이 있는가에 모아진다. 미래를 걱정하며, 어떻게 배의 키를 잘 잡을지가 관건이다. 그들 앞에 놓인 과제는 로컬/글로벌 경제, 법, 주식시장, 정보산업, 시장의 활동성, 떠오르는 경쟁사 같은 것들이다. 이런 고객과 대화할 때는 회사가 어느 방향으로 가는지 생각하고, 팔려고 하는 제품이나 서비스가 그 방향으로 나아가는 데 어떻게 도움이 될지 파악해야 한다. 요약해보면 운영부서 사람은 반응하고, 관리부서 사람은 균형을 잡으려 하며, 경영진은 배의 방향을 결정한다. 모든 회사에는 이러한 사람이 뒤섞여 있다. 그들에게 제품이나 서비스를 어떻게 포지셔닝 할지는 당신 몫이다.

당신이 대형 생산 업체에 프로젝트 관리프로그램을 판매한다고 가정해보자. 당신의 첫 미팅 상대는 운영부서 사람들이다. 그들은 자주 마감을 놓치기 때문에 좀 더 나은 프로젝트 과정의 관리가 필요한 상태이다. 당신은 각 부서 간의 조직화를 주제로 대화하면서 프로젝트 관리프로그램이 각 부서 간의 혼돈과 소통 시간을 줄여, 마감을 지키는 데 도움을 줄 수 있다는 사실을 전달한다.

두 번째 미팅 상대는 관리부서 사람이다. 당신은 그들의 프로젝트 과정 간소화 계획을 주제로 대화를 해가면서 프로젝트 관리프로그램이 각 부서의 일 처리 사이클을 줄여주며, 예산과 프로젝트 소요 시간, 그리고 필요한 리소스 등을 정확하게 예상해 줄 수 있다는 사실을 설명한다.

마지막 미팅은 경영진과 갖는다. 대화의 주제를 제품 출시에 소요되는 시간(정책 관리)과 기업의 경쟁력 관계로 잡고(배의 방향 잡기), 당신의 프로젝트 관리프로그램이 인원 감소에도 불구하고 신제품의 론칭 시간을 10% 앞당겨준다는 사실을 강조한다. 또한 프로그램이 부서 간 소통과 협동을 원활하게 해주어 이후에 계획한 보완 제품 출시를 좀 더 손쉽게 진행할 수 있다는 사실도 강조한다.

이처럼 당신은 똑같은 프로젝트 관리프로그램으로 다양한 사람에게 각각에 맞는 구매 이유를 제공할 수 있다. 반드시 기억하기 바란다. 고객들은 그들만이 지닌 구매 이유가 따로 있다.

skill of sales 10

고수는 실패를 생각하지 않는다

행복과 성공의 비밀은 '행복한 표정을 짓는 데 있다'는 식의 이야기로 가득한 프레젠테이션을 들은 적이 있는가? 나는 프레젠테이션이나 미팅이 이러한 '미소 짓기' 캠페인으로 변하는 것을 보면 핑계를 만들어 그곳을 떠난다. 그런 이야기를 믿지 않기 때문이다. 대부분 쇼에 불과하다.

너무 지나친 말일까? 하지만 나는 '긍정적인 태도'에 관한 이야기들을 숱하게 들어봤지만 다 거기서 거기였다.

- 컵에 물이 반이나 차 있다.
- 긍정적인 부분을 보자.
- 힘냅시다!
- 당신의 잠재력을 인식하라.

• 당신의 창의적인 면을 활용하라.

• 꿈을 향해 나아가라.

나는 얼굴에 미소를 짓는다고 해서 사람 태도가 크게 바뀌지는 않는다고 생각한다. 또 행복하거나 긍정적인 사람이 된다고 해서 자동으로 영업에서 성공하는 것도 아니라고 본다. 여러분은 어떻게 생각하는가? 혹시 내 생각에 동의하지 않는다면, 내가 왜 이런 생각을 갖게 되었는지를 알려주겠다. '태도'를 보는 내 나름 정의를 소개한 다음 그것을 나의 영업 경험에 적용하여 보겠다.

우선 태도에 '해당하지 않는' 것부터 시작해보자. 태도는 전등 스위치가 아니다. 만약 어떤 사람이 당신 태도를 쉽게 바꿀 수 있다고 한다면(마치 스위치를 켜는 것처럼) 내 생각에 그는 '태도'가 아니라 '연기acting'를 이야기하는 것이다.

태도는 겉으로 드러나는 당신 자신이다. 평생에 걸쳐 쌓이는 부분이어서 마음대로 조절하기가 쉽지 않다. 당신이 원하는 시간이나 장소에서 자유롭게 껐다 켰다 할 수 있는 것이 아니다. 태도는 매우 복잡한 표현이다. 어린 나이 때부터 오랜 시간에 걸친 교육과 성장, 그리고 변화에 따라서 만들어지는 것이다. 다시 말하면, 당신 자신을 쉽게 바꾸지 못하는 것처럼 당신 태도도 쉽게 바꾸지 못한다. 당신은 현재 당신일 뿐이다.

태도는 유전적 성향과 삶의 경험으로 만들어지는 행동, 의견 또는 감정이다. 태도는 당신이 추구하는 가치고, 두려움이고, 지식이고, 믿음이며, 당신 문화이기도 하다. 태도는 단순한 미소 수준이 아니다. 당신 얼굴에 나타나는 모든 표현이다. 출근할 때, 문제에 대응할 때, 상황을 바라볼 때, 회사 방침에 의견을 낼 때, 그리고 휴일 아침을 어떻게 보내는지 등이 바로 태도다. 태도는 당신의 인내심이자 조절 능력이며, 변화에 대응하는 수용력이다. 태도는 가장 기쁠 때, 가장 우울할 때 모두를 포함한다. 태도는 어떻게 '미소를 짓는지'가 아니다. 그런 미소는 단기간에 쉽게 만들어낼 수 있지만 태도는 그렇지 않다.

태도와 관련해서 나를 놀라게 하는 사실은 두 가지다. 첫째, 성공적인 영업사원은 자신이 다음 계약을 성공할 수 있다는 점을 알고 있다. 둘째, 성공적인 영업사원은 실패 가능성을 생각하지 않는다는 점이다. 아예 포기를 하지 않는다는 것이다.

이 두 가지야말로 정말 중요한 태도다. 내가 모든 성공적인 영업사원 표정과 행동에서 직접 확인한 것이며, 절대 인위적으로 만들거나 바꾸기 힘든 것이다.

- 태도 1 : **나는 성공한다!**
- 태도 2 : **나는 포기하지 않는다!**

이제 이것을 '긍정적인 태도' 이론과 비교해보겠다. 당신이 만난 성공적인 영업사원을 다시 한번 떠올려보라. 모두가 같던가? 모두 행복하고 '컵에 물이 반이나 남은' 사람들이던가? 에너지가 넘치고 열정이 끓는 사람들이던가? 내가 보기에는 전혀 아니다. 분명한 사실은 정해진 틀이 있는 것이 아니라는 것이다.

매력적인 미소와 빛나는 외모를 갖춘 슈퍼 영업사원은 남녀를 불문하고 찾아보기 힘들다. 내가 만난 수천 명의 영업사원은 다들 성격이 독특했고 제각각이었다. 불안한 사람, 불쾌한 사람, 부끄러움을 타는 사람, 외향적인 사람, 내향적인 사람, 매력적인 사람, 행복한 사람, 둔한 사람, 빈정거리는 사람, 멍청한 사람, 다른 사람을 조종하려는 사람, 불쌍한 사람, 우수한 사람, 미친 사람 등등. 물론 그중에는 긍정적이고 행복한 사람들도 있었지만 전체의 일부분에 불과했다.

결론은 이것이다. 불만이 많고 부정적인 성격이지만 자신의 성공을 믿고 포기하지 않는 사람이 매우 뛰어난 영업사원이었다는 사실이다. 다음은 태도에 관한 세 가지 중요한 결론이다.

- 당신은 현재의 당신일 뿐이다. 평소에 자신이 긍정적이고 낙천적이라기보다는 현실적인 사람에 가깝다고 생각해왔다면, 그래도 괜찮다는 것이다.
- 당신 자신이 돼라. 당신 태도를 하룻밤 새에 바꾸려고 해도 소용없다.
- 만약 당신이 '그래, 난 성공할 거야' 또는 '그래, 나는 포기하지 않을 거야'

같은 태도의 소유자라면 영업을 직업으로 선택한 것이 현명한 판단이라고 하겠다. 이런 태도가 부족하면 영업 분야에서 성공과 실패의 사이클을 극복하기가 무척 어렵다.

마지막으로 영업에서 성공의 요인이 되는 두 가지 태도가 삶의 다른 영역에 미치는 영향을 알아보자. 최고의 사례는 아마도 프로야구 선수들일 것이다. 최고의 타자들이 맡은 역할에는 영업에서 성공하는 두 가지 태도와 같은 측면이 있다. 타자는 타석에 나가 방망이를 휘둘러 공을 쳐야 돈을 번다. 방망이로 공을 맞혀 그 공이 특정 지역에 떨어져야만 성공하는 것이다. 그런데 연봉은 꽤 높은데 성적은 시원치 않은 경우가 있다. 타율도, 출루율도 낮다. 슬럼프다. 슬럼프를 벗어난 타자를 보면 한참 슬럼프를 겪는 와중에도 타석에 서면 아주 침착하게 온전히 공에 집중한다. 그게 어떻게 가능할까? 타석에 설 때마다 계속 헛손질만 한다면 얼마나 창피하겠는가. 그러나 최고의 타자들은 위에서 언급한 성공을 부르는 두 가지 태도가 있다. '나는 이 공을 칠 것이다!', '나는 절대 포기하지 않는다'며 자신에게는 재능이 있고 슬럼프는 일시적인 것일 뿐이라는 사실을 알고 자신이 성공할 거라고 믿는다. 그는 계속 연습한다. 오늘 안 되더라도 내일 또 노력하면 된다고 생각한다.

최고 타자들은 야구선수로서 자신의 부정적인 면(공을 못 맞추는 것)이 경기와 성공뿐 아니라 자신의 태도에도 영향을 끼치도록 놔두지 않는다. 성공으로 이끄는 두 가지 태도가 좋을 때나 나쁠 때나 항상 그들을 지탱해 준다.

skill of sales 11

고수는 자기 자신을 믿는다

고객을 만나러 가는 길에 황당한 일이 있었다. 동승했던 내 영업 관리자가 나에게 "당신은 참 호인인데, 그게 좀 지나친 것 같아요" 라고 귀띔해 주었다. 내가 어리둥절한 표정을 짓자 그는 내 성격이 너무 솔직한 편이라고 말한다. 내가 고객들에게 너무 정직하여 영업에 문제가 될 것이라니 그의 이야기를 들으니 초조해졌다. 이제 5분 후면 고객을 만날 텐데, 중요한 문제점을 지적당한 것이다.

아무튼 나는 고객을 만나는 시간 내내 '태연한 척' 하려고 무던히 노력했다. 이전과 다른 모습을 보이려고 애쓰다 보니 다른 일에는 전혀 신경을 쓰지 못할 정도였다. 내가 아닌 다른 사람처럼 보이려고 노력하다 보니 고객도, 고객과 나누는 대화도, 영업에 쏟는 집중도 다 놓친 것이다. 내가 해야 할 말과 하지 말아야 할 말을 구분 짓느라 허둥대는 동안 내 영업 관리자가 고객과 하는 대화를 도맡다시피 했다. 대참사였다. 그게 다가 아니었다. 나는 영업 관리자를 존경하기 때문에 그의 의견에 따라 나의 영업 스타일을 바꾸려고 꾸준히 노력했다. 끔찍한 상황을 몇 번 더 겪고 난 다음에 나는 중요한 결론에 도달했다. 나를 영업에 맞추는 것이 아니라 영업을 나에게 맞추는 것이 더 바람직하다는 것이었다.

나는 고객 앞에서 나 자신을 바꾸는 데 너무 집중한 나머지 막상 영업 자체에는 집중하지 못한 것이다. 만약 당신이 자신이 아닌 다른 어떤 사람이 되고자 한다면, 그 순간 당신은 연기자지 영업사원이 아니게 된다. 비즈니스가 아니라 연기에 집중하게 된다.

다른 중요한 점은 성격을 바꾸려는 노력이다. 이 또한 쉽지 않다. 만약 누군가가 당신에게 좀 더 친절해지라든가, 좀 더 적극적으로 행동하라든가, 혹은 좀 더 설득력이 있어야 한다고 말한다면 상황을 있는 그대로 분석해보라. '나는 그렇게 변할 수 있는가?', '나는 성격을 바꾸어야 하는 것 아닌가?' 등의 당신 자신과는 거리가 먼 방향으로 말이다.

당신이 그러한 변화에 쉽게 적응하지 못하겠다면 변화하려고 하지 않아도 된다. 변화에 적응하지 못하겠다면 변화가 당신에게 적응하게 하라. 예를 들어 새로운 고객에게 처음으로 영업을 시도한다고 하자. 당신은 세일즈 코치나 관리자와 똑같은 어휘, 어조, 그리고 보디랭귀지를 써보고 싶을 것이다. 어쨌든 그들은 성공한 사람이고 정확한 성공의 공식을 당신에게 제공했으니까. 하지만 알고 보면 그들의 성공은 자신의 성격에 적응한 결과일 뿐이다. 그러므로 똑같이 따라 해서는 안 된다.

비결은 바로 그들의 스타일 '안inside'에 있다. 그들의 접근 방식의 핵심, 즉 접근 단계나 과정을 알아야 한다. 일단 핵심을 파악하기만 하면 그들의 영업스킬을 당신에게 적용하는 일은 상대적으로 쉬운 일이다. 그러니 남을 흉내 내지 말고 당신 자신이 되도록 하자.

skill of sales 12

고수는 내일의 보상을 생각한다

A사의 K는 정말 여행을 좋아한다. 1년에 서너 번은 해외에서 휴가를 보낸다. 그는 돌아올 때마다 넉넉한 이야기와 멋진 사진을 가져와서 우리를 즐겁게 해준다. 혹시 K가 영업사원 일을 가볍게 생각하는 것처럼 보이지 않나? 1년에 서너 번이나 해외에서 휴가를 보내는 것이, 자리를 너무 오래 비우는 게 아닌가 해서 하는 말이다. 하지만 K는 A사에서 최고 영업사원이다. 그는 사장 상을 수상하기도 했고, 올해의 최우수 영업 사원 상을 받기도 했다. 그는 엄청난 노력파다. 사무실에서 절대 게으름을 피우지 않는다. 잡담을 하지도, 시간을 죽이는 일도 없다. K는 정말로 열심히 일하고, 많은 상품을 팔았다.

어떻게 그럴까? 그는 어떻게 정상에 머무를 수 있을까? 무엇이 원동력일까? 어떻게 그렇게 많은 상품을 팔 수 있을까? 해외에서 자주 휴가를 즐기면서 말이다. 정답은 해외여행 그 자체다.

인정과 보상은 영업사원들에게 의미가 크다. 어떤 사람은 돈을 벌려고 영업을 하고, 어떤 사람은 최고가 되기 위해 영업을 한다. 또 어떤 사람은 사람들과 일하는 것이 좋아서, 아니면 영업 자체가 좋아서 일을 하기도 한다.

K는 분기에 한 번씩 비행기에 올라 낯선 곳에서 아침을 맞는 것을 정말로 좋아했다. 그는 그 순간을 상기하기 위해 다시 가게 될 그곳의 사진과 브로슈어를 자신 책상 옆에 붙여놓았다. 그는 늘 여행을 이야기했고, 앞으로 가게 될 여행지 사진을 바라보며 모든 고객의 불평, 긴 하루, 힘든 협상이 다 가치 있다고 되뇌곤 했다. 얼마 후 자신이 여행할 곳에 있는 자신 모습을 상상하면서 말이다.

당신 동기는 무엇인가? 당신이 원하는 보상을 사진으로 찍으라. 상, 새 차, 여행지, 새 시계, 집같이 당신에게 일할 동기를 부여하는 것들 말이다. 그리고 매일 잘 볼 수 있는 곳에 그 사진을 두라. 그 사진이 당신 수고가 값어치 있는 것이라고 생각나도록 말이다. 그리고 언젠가 더 이상 시도하고 싶지 않을 때, 마지막 한 번의 전화를 걸고 싶지 않을 때, 그때 '이 시도가 나를 다음 여행지로 데려가 줄 수도 있어'라고 생각해보는 것이다. 이처럼 매일매일 보상을 생각하고 그것을 바라보자.

skill of sales 13

고수는 외모보다 상품을 믿는다

전에 영업의 비언어적 커뮤니케이션을 주제로 한 워크숍에서 색채의 중요성을 배운 적이 있다. 워크숍을 진행한 여성분은 옷 스타일, 색상, 얼굴 표정, 개인위생, 그리고 판매 방문 때 "절대 그렇게 다리를 꼬지 마세요. 그런 자세는 고객에게 당신이 닫힌 사람이라는 메시지를 전달합니다" 라고 말하며 어떻게 앉아야 하며, 두 손은 어떻게 모아야 하는지 설명하고 있었다. 또한 "의자에 앉아 몸을 뒤로 젖히지 마세요, 손톱은 너무 길어서는 안 됩니다, 수염을 기르는 것은 절대 금물입니다, 손은 아래로 하세요, 이런 옷을 입으세요, 저런 옷은 절대 입으면 안 됩니다, 다리는 고객이 꼬는 경우에 한해서 이 방향으로 꼬아야 합니다" 등등 굉장히 흥미로운 내용이었다. 그 전에 나는 겉모습이나 행동에 그렇게 많은 의미가 있는지 몰랐다.

하지만 정작 내가 놀란 것은 워크숍 참석자들 반응이었다. 몇 시간씩이나 이러한 이야기를 가지고 토론을 하는 것이었다. 모두들 외모의 중요성을 잘 알고 있는 것 같았다. 그런데 사실 나는 그때 그들이 좀 바보 같다는 생각을 했다. 내가 아주 사소한 것이라고 생각한 내용으로 매우 진지하게 토론을 하고 있었으니까. 그런데 워크숍이 끝날 무렵 나는 내가 얼마나 많은 '하지 말아야 될 일'들을 하고 있는지, 또 얼마나 많은 '해야 될 일'들을 시작해야 하는지 걱정하기 시작했다.

그러나 그 이후 나는 여러 해에 걸쳐 다른 사실을 알게 되었다. 비언어적 커뮤니케이션이 중요하기는 하지만 그렇게 중요하지는 않다는 것이다. 영업사원은 비즈니스맨이지 모델이 아니다. 무엇을 입고 어떻게 행동하는지 중요하기는 하지만(적어도 프로처럼 보여야 하니까) 조금 가볍게 생각해도 된다. 어떤 색 양복을 입고, 양손을 어떻게 두느냐는 것 따위는 고객에게 적절한 상품을 추천하는 일에 비하면 그리 중요하지 않다. 그것이 전부다.

당신이 별나거나 이상한 행동을 보인다고 해도 당신을 믿고 당신의 상품이나 서비스를 믿는다면 고객은 당신에게서 구매한다. 만약 옷을 잘 입어서 점수를 좀 땄다면 축하한다. 하지만 옷에 지나치게 신경 쓰지는 마라. 당신 겉모습은 물론 중요하다. 그러나 그렇게 중요하지는 않다.

skill of sales 14

고수는 고객의 필요에 부응한다

경쟁상대를 앞서느냐, 아니면 그 뒤를 따라가느냐는 무엇으로 결정될까? 바로 고객의 니즈다. 당신이 고객과 강한 관계를 맺고 있다면, 다시 말해 당신이 고객의 비즈니스 이슈를 찾아내고 니즈를 만들어낸다면 경쟁사를 뛰어넘어 회사를 성공으로 이끌 수 있다. 경쟁 상대가 제안을 하기 전에 움직이기 때문이다. 당신이 그런 강점을 가질 때 경쟁사들은 오로지 따라오거나 반응만 하게 되고, 아예 경쟁에서 밀려나게 된다.

오래된 이야기가 있다. 어떤 사람은 만들어내고 어떤 사람은 만드는 것을 바라보고 또 어떤 사람들은 궁금해한다. 그러니 니즈가 당신을 찾기 전에 먼저 니즈를 찾아야 한다. 그러면 당신이 승리자다. 여기서 우리가 번역한 『하이 퍼포먼스 세일즈』에 나오는 고객 니즈를 파악하는 방법을 몇 가지 소개하겠다.

고객 니즈를 명확히 파악하려면 정보를 취합하는 구조화한 접근법을 가져야 한다. 그래야만 면담을 하는 도중 '개방형 탐색'과 '폐쇄형 탐색'이 모두 가능하다.

'개방형 탐색'은 고객에게서 필요한 정보를 끌어내는 것이다. "어떻게요?", "왜 그렇습니까?", "좀 더 자세히 말씀해 주시겠습니까?"와 같이 자유로운 응답을 끌어내는 표현으로 시작한다.

'폐쇄형 탐색'은 영업사원이 이해와 결론을 확인하는 것이다. "~하십니까?", "~는 어떠십니까?", "얼마나 많이…", "~는 사실입니까?"와 같이 응답을 제한하는 표현으로 시작한다. 두 가지 탐색을 병행하면 전략과 비즈니스 목표, 문화와 관리 과정, 난제와 기회 같은 고객사 정보를 알아낼 수 있다. 효과적으로 탐색하면 고객 니즈가 무엇인지 알아낼 수 있다.

- **고객에게 니즈가 필요한 이유 :** 고객이 당신과 만나게 된 배경은 무엇인가? 고객은 무엇을 성취하거나 개선하기를 원하는가? 고객의 비즈니스 목표는 무엇인가?
- **니즈 뒤에 숨은 니즈 :** 고객이 표현한 니즈가 기반을 두고 있는, 더 크거나 더 기본적인 니즈는 무엇인가? 표현한 니즈 뒷면의 전략적 니즈는 무엇인가?
- **니즈가 어떻게 바뀌는가 :** 고객 비즈니스가 최근 몇 년간 어떻게 바뀌었는가? 고객이 활동하게 될 새로운 시장은 무엇인가? 고객이 직면하고 있는 새로운 경쟁업체는 어디인가?

skill of sales 15

고수는 사소한 것을 놓치지 않는다

내 인생에 가장 큰 영향을 준 사람 중 한 사람인 제록스 시절의 첫 영업 관리자 스티브는 환상적인 '탐색의 능력'을 가진 사람이었다. 하루는 B와 고객사 방문자 대기실에 앉아 있었다. 나는 고객이 우리를 맞이해줄 때까지 기다렸다. 내가 싫어하는 시간이었다. 생각이 많은 상태에서 B를 의식하지 못하고 있었는데, 그는 확연히 다른 행동에 몰두하고 있었다.

그는 보고 들으며 '모두 주워 담고' 있었다. 그러면서 대기실이 혼돈에 빠져 있다는 것을 눈치챘고, 그 이유 중 하나가 전화 교환대의 오래된 기술 때문이라는 것을 알아냈다. 그는 전화 통화 소리를 듣고 담당자의 절망적인 뉘앙스를 알아챘는데, 이는 걸려오는 전화의 수가 처리할 수 없을 정도로 늘어났기 때문이었다.

그는 내부를 살펴보았고 그 회사가 비즈니스에 자부심이 대단하다는 힌트를 얻어냈다. 그는 심지어 벽에 걸린 업적 내용을 읽기도 했다. 그러고는 입구 바로 너머에서 들려오는 소리를 들었다. 복사기 소리였다. 그는 보이지 않는 복사기의 모델번호를 금방 파악해 냈다. 커피 한 잔을 마실 정도 시간이 흘렀을까. 고객이 도착했을 때 B는 이미 많은 질문에 답을 가진 상태였다. 고객의 비즈니스와 우리가 밀고 나가야 할 방향에 힌트를 찾아낸 것이다. 당연히 우리의 출발은 좋았다.

고객 사무실이나 집을 처음 방문했을 때 고객 성격을 파악하는 방법이 있다. 미국 텍사스 오스틴 대학교 심리학 교수인 샘 고스링 Sam Gosling은 개인 침실이나 사무실을 관찰하여 성격을 알아맞히는 스누핑snooping을 연구하였다. 사무실 물건을 관찰하여 성격을 꿰뚫어보는 방법이다. 이 방법은 고객을 만나기 전이나, 고객을 만나자마자 바로 성격을 파악할 수 있는 유용한 기술이니 영업인이 익히기만 하면 세일즈 성과를 높일 수 있다. 스누핑(snooping)은 '흔적 살펴보기' 정도로 이해하면 된다. 즉, 가망고객 사무실이나 집을 방문했을 때 그곳에 있는 물건이나 집기 등의 종류나 이것들이 놓여 있는 상태 등을 살펴서 그 사람의 성격을 알아내는 방법이다. 영업인이 스누핑을 배워 가망고객 성격을 알고 제대로 응대한다면 구매 확률을 높일 수 있다. 스누핑을 활용하여 판매 성과를 높이는 방법은 『세일즈 멘토링(오정환 저)』에서 자세히 다루었다. 영업에 활용하고자 하는 영업사원이라면 참고하면 좋다.

영업인이 스누핑으로 고객 성격을 알아내려는 시도는 고객을 조종하고 이용하려는 목적이 아니다. 고객을 이해하려는 과정이다. 고객을 이해해야 고객의 욕구를 채울 수 있기 때문이다.

skill of sales 16

고수는 고객 환경을 존중한다

일본의 전통 일식집에 가본 상황을 떠올려보자. 가게 방침에 맞추기 위해 신발을 벗는다. 작은 소리로 이야기한다. 좌식 테이블에 앉는다. 의자의 편안함은 없지만, 일식집의 평온함을 누릴 수 있다. 한 끼 식사일 뿐이지만 일본 문화를 조금씩 이해하기 시작한다.

이 비유를 염두에 두고 생각할 때, 나는 영업사원이 고객 사무실에 들어가면서 마치 자기가 주인인 양 행동하는 것을 이해할 수 없다. 남의 사무실에 와 있다는 사실을 완전히 망각한 채 무례하고 고압적으로 행동하고, 영업사원 언어로 이야기하며, 자신이 판매하는 최신 제품을 자랑한다. 도대체 무슨 권리로 고객 업무 공간에 들어가서 멋대로 행동하는가?

카멜레온을 생각해 보자. 이 작고 똑똑한 도마뱀은 주변 환경에 따라 피부색을 바꾼다. 카멜레온 같은 영업사원 역시 같은 방식으로 고객 환경에 '적응'한다. 지배하거나 군림하려 들지 않는다. 고객 업무 환경을 존중하는 영업사원은 좀 더 쉽게 고객과 파트너십을 맺을 수 있다. 고압적인 영업사원은 고객 눈에 적대적으로 보이며, 비즈니스를 도우러 온 것이 아니라 마치 정복하러 온 것처럼 보일 것이다.

당신 영업 스타일을 생각해 보라. 고객 환경에 적응하려고 노력하는가? 고객 비즈니스를 응원하는가? 이는 고객사를 방문했을 때 당신이 어떤 옷을 입느냐가 좋은 단서가 된다. 만약 자동차 부품공장을 방문하면서 평소 좋아하는 값비싼 옷을 입고 간다면 당신은 좋은 기회를 날려버리게 될 것이다.

스스로 다음 테스트를 해보라. 3명의 주요 고객을 생각해 보고 그들의 조직 문화를 설명해보라. 그 환경에 잘 적응하려면 어떻게 해야 할까? 카멜레온은 환경과 조화를 이룸으로써 살아남는다. 튀는 경쟁자들은 잡아먹힌다.

skill of sales 17

고수는 고객의 원하는 것을 준비한다

상상해보라. 당신은 파자마를 입고 있다. 길고 힘겨운 하루를 보낸 뒤 재미있는 드라마나 열심히 일한 후 스트레스 없는 저녁 시간을 보내는 중이다. 그런데 예고도 없이 울리는 초인종 소리에 행복한 순간이 산산조각이 난다. 짜증 난 상태로 일어나서 현관문으로 걸어간다. 누굴까? 낯선 사람인 것도 모자라, 바로 영업사원이다.

내 질문은 이것이다. 당신이 하던 일을 멈추고 이야기를 듣도록 하려면 영업사원이 무슨 말을 해야 할까? 정말로 흥미로운 말을 해야 하지 않을까? 이때 똑똑한 영업사원은 ‘WIIFMWhat's In It For Me?[내가 얻을 수 있는 건 뭐죠?]’을 선보인다. WIIFM이란 설명을 듣는 사람이 얻을 수 있는 것이 무엇인지 간단명료한 말로 소개하는 것이다. 그러니 영업을 준비할 때는 항상 WIIFM을 기억하라. 중요한 미팅이나 대화를 준비할 때도 마찬가지다. 당신이 만나고 싶은 사람이

파자마를 입고 드라마를 보고 있는 사람이 아닐 수 있지만, 누구나 집중을 방해하는 여러 가지 일로 바쁠 수 있다. 따라서 당신과 당신 메시지는 그들의 집중을 방해하는 요소 하나하나와 경쟁하는 것이다. 문을 두드리거나 전화를 걸기 전에 고객이 개인적으로 얻을 수 있는 것이 무엇인지 생각해 보라. 다음과 같은 질문을 해보자.

"왜, 이 고객이 나의 말을 들으려 할 것인가?"

WIIFM이 어떤 것인지 예를 들어 설명하겠다. 당신은 새로운 제품인 '연락처 관리 소프트웨어'를 판매하기 위해 탐사 전화를 걸려고 한다. 아래의 세 가지 예시는 확장 중인 운영관리 때문에 어려움을 겪고 있는 콜센터 매니저인 고객에게 어떻게 접근하는지를 설명하고 있다. 처음 두 방법은 고객에게 집중하고 있지 않다. 마지막 예시와 비교해보고 결론을 내려보라.

❶ 제품과 관련한 이유 :

"제가 전화를 드린 이유는 고객님께 저희의 새로운 연락처 관리 소프트웨어를 소개하기 위해서입니다. 저희 소프트웨어는 발신 전화 프로세스를 자동화해주며, 기존 고객 데이터베이스도 관리해 줍니다."

❷ 당신과 관련한 이유 :

"제가 전화드린 이유는 제가 내일 고객님 주변 지역에 있을 예정인데 괜찮으시다면 고객님 사무실에 들러서 저희의 새 연락처 관리 소프트웨어를 소개해드릴까 합니다."

❸ 고객과 관련한 이유(WIIFM) :

"제가 전화를 드린 이유는 고객님 시간을 빌려 얼마나 효율적으로 고객님 회사의 운영관리를 할 수 있는지, 또 지금 겪고 계시는 어려움과 시간 낭비를 어떻게 해소할 수 있는지 말씀드리려는 겁니다."

당신이 콜센터 매니저라면 어떤 방식의 접근에 관심이 생겨 약속을 잡겠는가? 위의 예시처럼 WIIFM을 사용하여 고객에게 왜 당신을 만나야 하는지를 알려줘라.

skill of sales 18

고수는 고객에게 집착하지 않는다

노련한 영업사원이라면 '한 바구니에 계란을 모두 담는' 모습을 보고 미소를 지을 것이다. 자신의 바구니가 부서진 아픈 경험을 떠올리면서 말이다. '한 바구니에 계란을 모두 담는다'는 은유는 보통 하나를 팔기 위해 전부를 거는 영업사원을 지칭하는 것이다. 판매가 성공한다면 축하할 일이지만, 실패한다면 세상은 끝이 나는 것이다. 보너스와 커미션을 모두 하나의 판매에 걸기 때문이다.

바구니 하나에 모든 것을 집중하면 재미없는 일들이 벌어진다. 지속적인 결과를 유지해 줄 사냥과 농사의 밸런스를 잃어버리기 시작하는 것이다. 오직 전화나 고객 방문과 관련된 활동만 계속하게 될 것이다. 고객이 혹시 구매 결정을 내렸을까 봐 떠나지 못 하게 된다.

나도 예전에 4시간 동안 5분에 한 번씩 음성 메시지를 확인한 적이 있다. 그 판매에만 목을 맨 나머지 다른 것은 생각할 여유조차 없었다. 하루 종일 앉아서 전화를 바라보며 무엇인가 일어나기를 기대했다. 이것은 재미있는 일이 아니다. 특히 전화가 오지 않을 때는 말이다.

그런데 집착하는 만큼 판매를 마무리 지을 가능성은 줄어든다. 집착 증세는 보통 두려움에서 비롯되고, 그 두려움 또한 좋지 않은 무언가에서 생겨난다. 만약 당신이 단 한 건의 판매만을 기대한다면, 그리고 그 판매가 너무 중요해서 다른 어떤 것도 생각할 수 없다면, 조심하라 당신의 바구니가 위험하다.

이런 경험을 바탕으로 비이성적인 집착 증세를 스스로 극복할 수 있도록 두 가지 질문으로 된 테스트를 만들어보았다.

1. **왜 나는 이 판매를 기다리고 있는가? :** 아마 당신은 판매 결정권을 고객에게 넘겨주었을 가능성이 크다. 고객이 공을 가지고 있다는 뜻이다. 그는 마음대로 몇 달씩 결정을 연기하거나, 아니면 새로운 경쟁업체를 끌어들이거나, 이미 논의한 문제들을 다시 꺼내서 더 나은 해결책을 찾아내고 싶어 할 것이다. 그러는 사이 당신 바구니는 약해진다.
2. **나는 내 집착에서 무엇을 얻는가? :** 만약 집착으로 판매를 성공으로 이끌 수 있는 계획을 짠다면 괜찮을 것이다. 하지만 단지 마음만 졸이는 것에 불과하다면, 당신의 집착은 자기 파괴에 지나지 않는다. 당신의 정신적 건강과 육체적 건강을 상하게 하는 것이다. 당신의 엉덩이를 문밖으

로 끄집어내서 다른 사냥이나 농사 활동에 주력할 것을 권한다. 최소한 집착에서 멀어져서 당신 건강에 이로울 테니까 말이다.

만약 아직도 집착에 빠져 연락을 기다리고 있다면, 지금 당장 '나가서 더 많은 달걀을 찾으라!'라는 나의 조언을 받아들이라.

skill of sales 19

고수는 고객의 답장을 기다리지 않는다

영업에서 후속 조치는 마치 자유형 수영에서 숨 쉬는 것과 같다. 숨 쉬는 것을 잊어버리면 당신은 수영장 밑바닥에 가라앉게 된다. 마법 같은 영업 세계에 들어오려면 꼭 받아들여야 하는 것이 있다. 그것은 '고객은 응답 문자를 해주지 않는다'이다. 어쩌면 자연스러운 것이기도 하다. 그게 고객들 의무는 아니기 때문이다. 고객을 잡을 의무는 당신에게 있는 것이다. 응답 문자를 해주는 것이 예의라고 생각할 수도 있지만, 만약 당신이 그런 생각에서 기대를 하기 시작하면 금세 실망과 좌절감에 휩싸이게 될 것이다.

어느 날 내가 고객센터에서 일하는 한 직원과 이야기를 나누고 있었다. 그녀는 "상상해봐요. 제가 오늘 고객에게 문자 메시지 두 개를 남겼거든요. 그런데 아직도 답을 안 해요"라며 안내 문자에 응답하지 않은 한 고객 때문에 고통스러워했다. 나의 순간적인 생각은 '왜 거기에 놀랍니까?'이지만 그냥 아무 말도 하지 않았다. 그녀가 세상을 바라보는 시각은 나와 많이 다르기 때문이다.

물론 충분히 그럴 수 있다. 그녀 세계에서 그녀의 메시지는 실재하는 것이고 답변을 요하는 것이었다. 그녀의 메시지는 교육이나 설치 날짜를 확인하는 메시지였다. 꽤 중요하다. 교육과 설치 날짜를 확인하고 싶어 하는 다른 고객에게도 그렇고, 일을 마무리 짓고 싶어 하는 고객센터 직원에게도 마찬가지다. 날짜 확인은 모두에게 중요하다. 그래서 나는 그 고객이 아마도 응답을 할 것이고, 응답이 늦어지는 이유가 있을 것이라고 생각했다.

하지만 당신이 이 상황에 놓여 있다고 가정해보자. 당신 문자 메시지가 고객 메시지함에서 후 순위로 남겨져 있다고 생각해 보자. 아마도 당신의 메시지는 단순한 탐색 메시지거나 추천을 부탁하는 메시지일지 모른다. 아니면 회사 운영을 묻는 질문이거나 고객과 약속을 잡으려고, 또는 제안서를 제출하려고 남기는 메시지일 수도 있을 것이다. 이 모든 경우에서 고객이 당신을 원하기보다 당신이 고객을 더 원하고 있다. 당신 메시지는 '시간이 있으면 답변할 메시지' 쪽으로 분류가 되어 있을 것이다. 마찬가지로 위의 고객센터 직원도 '오늘 안으로 다시 연락을 취할 고객'으로 분류가 될 것이다.

현실이 그렇다. 내가 아는 많은 고객도 하루가 다 가기 전에 문자 메시지가 꽉 차버리는 날이 평균 이상이다. 그들은 미팅 후에 돌아와 메시지를 들어보고 나서 '중요한 일이면 다시 연락을 하겠지'라고 생각하며 메시지를 삭제한다. 연락을 기다리고 있는 영업사원 입장에서는 좋은 현상이 아니다.

내가 말하고자 하는 요점은 간단하다. 위의 고객센터 직원이나 다른 사람이나 모두 고객에게서 응답 문자를 기대하고 또 받을 만하다는 것이다. 하지만 받을 만하든 아니든 응답 문자를 기다리면 안 된다. 계획을 세우고, 계속 관리해야 한다.

후속 조치의 기본 법칙

- 후속 조치는 당신 몫이다.
- 고객에게 후속 조치를 해달라고 하지 마라. 대부분 잘 안 해준다.
- 만약에 고객이 "전화드리겠습니다" 하면, 만일에 대비한 후속 조치를 미리 이야기하라. "좋습니다, 하지만 혹시 바쁘셔서 전화를 못 하시게 되면 제가 금요일 오후에 다시 전화드리겠습니다. 그 시간에 괜찮으신가요?" 하고 말한다.
- 음성 메시지를 남기는 것은 피하라. 특히 영업 초기 단계에서는 말이다(고객이 당신을 잘 모르니까).
- 음성 메시지를 남길 때는 짧고 간결하게 목적을 바로 이야기하라.
- 음성 메시지나 이메일을 남길 때는 일정 시간 후에 다시 전화를 걸 수 있게 메모를 해두라.

skill of sales 20

고수들의 이메일 활용법

이메일은 특별한 것이 아니다. 어떻게 활용하느냐에 따라 좋은 도구도, 나쁜 도구도 될 수 있다. 매력이 많지만 결국 이메일은 고객에게 메시지를 전달하는 하나의 방법일 뿐이다. 성공 여부는 메시지의 양과 질에 있다.

친구들, 가족들, 직장동료를 생각해 보라. 대부분 이메일 주소가 있다. 그들에게 이메일에서 가장 짜증 나는 점이 무엇이냐고 물어보면 양이 많다고 이야기한다. 지나치게 많은 스팸 메일이 오기 때문이다. 당신에게도 너무 많은 사람이 이미 차고 넘치는 메일함에 정보를 보낸다. 그러니 이메일을 제대로 활용하고 싶다면 이메일 장점을 살려야 한다. 그 장점을 이야기해보겠다.

- **이메일은 즉각적이다 :** 어떤 이메일도 전송하는 순간에 이미 고객 메일함

에 도착해 있다. 고객에게 빠르게 다가갈 수 있다는 이야기다. 고객이 이메일을 자주 확인하기만 한다면 말이다.

- **제지당하지 않는다 :** 사이버공간에서는 이메일을 보내면 거의 대부분 상대방의 메일함으로 들어간다. 누구도 제지하지 않는다. 물론 경영진은 메일을 대신 관리해 주는 사람이 따로 있긴 하지만 말이다.
- **이메일은 글로 된 기록이다 :** 저장하기 쉬어 어떤 내용을 써서 보냈는지, 또 어떤 내용을 빠뜨리고 보냈는지 쉽게 꺼내서 확인해볼 수 있다.
- **고객이 당신을 생각하게 도와준다 :** 이메일을 당신의 이름, 주소, 로고, 웹사이트로 장식할 수 있고, 그러면 고객이 당신을 인지하고 당신의 관심사를 알게 된다.

이메일은 실수를 두려워하지 않아도 된다. 나는 음성메일의 음질이 나빠서 혹은 다른 이유로 얼마나 여러 번 얼간이 같은 짓을 했는지 모른다. 하지만 이메일은 지우고 싶으면 지우고, 쓰고 싶으면 쓸 수 있다. 정말이지 문학작품이 될 수도 있다. 같은 내용을 많은 고객에게 보내야 할 때는 복사하기, 덧붙이기 기능을 사용할 수도 있다. 단 보내기 전에 한 번쯤 읽어보라. 올바른 문법과 철자는 기본이다.

이메일과 음성은 둘 다 고객이 짧은 시간 안에 읽어본다는 것이 특징이다. 그렇지만 고객이 받는 이메일 양이 점점 많아지면서 읽을 가능성은 점점 낮아지고 있다. 고객이 당신을 모른다면 문제는 더 크다. 고객이 당신의 이메일을 스팸처리할 수도 있기 때문이다. 따라서 당신 메시지는 반드시 고객 눈길을 끌 수 있어야 한다. 효과적인 이메일은 판매를 부르는 이메일이다. 당신의 이메일은 고객을 사로잡아야 하며 고객이 읽고 구매를 실천할 수 있도록 해야 한다. 전화나 얼굴을 마주 보고하는 판매와는 다르다. 이메일은 쉽게 지울 수 있으니까 더 어렵다. 여기서 이메일이 쉽게 지워지지 않게 해주는 몇 가지 가이드라인을 소개해 보겠다.

- **제목을 눈에 띄게 하다 :** 만약 칫솔을 판매하고 싶다면 칫솔이라고 쓰지 마라. 모든 사람이 읽고 싶을 만한 제목을 써야 한다. '당신의 더 나은 미소를 위해'가 '칫솔 팝니다'보다 훨씬 더 읽고 싶은 제목이 되는 것처럼 말이다.
- **짧고 간결하게 하라 :** 매일매일 받는 이메일은 늘어나지만 하루는 24시간으로 늘 같다. 고객들이 더 많은 메시지를 받을수록, 그들이 메시지 하나에 머무는 시간은 더욱 짧아진다. 그들의 삶이 더 편해질 수 있도록 메시지는 간결하게 보내라.
- **고객 비즈니스와 관련 있는 메시지를 만들라 :** 당신이나 당신 회사, 당신 제품으로 많은 이야기를 하지 마라. 핵심으로 가라. '그들에게 무엇을 줄 수 있는가?'를 생각하라.
- **'목적' 그리고 '다음 단계' 같은 표현을 넣어라 :** 첫 번째 표현은 고객이 계속 읽도록 하고, 두 번째 표현은 고객이 구매를 향해 행동하도록 자극한다.

그리고 샘플 이메일로 마무리해보자. 보고 나서 예전에 보낸 이메일들을 확인해보기를 권한다. 아니면 직접 몇 가지 샘플 이메일을 작성해 보고 당신이 고객이라는 생각으로 읽어보라.

skill of sales 21

고수는 정당한 가격을 받는다

반대를 분리하여 생각하는 건강한 습관을 들여보자. “너무 비싸요” 하며 가격을 핑계 삼는 고객은 내 경험상, 연막작전을 쓰는 것이다. 그들이 이야기하고 싶은 것은 “이것이 정말 필요한지 확신이 안 들어요”이거나 “내년 회계연도까지 기다리는 것이 낫겠습니다”이거나 “가격 협상을 좀 합시다”와 같은 것이다.

반대를 분리하여 생각하면 당신의 의심을 확인할 수도 있고 유보할 수도 있다. 과정은 이렇다. “너무 비싸다”라는 의견을 상대할 때는 이렇게 대답하는 것이다.

“가격 외에 고객님이 저희 제안을 거절할 만한 또 다른 이유가 있나요?”

대답이 "아니오"면, 정말로 가격이 유일한 반대 이유고, 협상을 하려고 할 것이다. 대답이 "예"이거나 대답을 주저한다면 계속 물어보라. 그러면 고객에겐 아직 해결되지 않은 문제나 반대(질문)가 있을 것이다. 판매 성사를 위해서는 반대를 분리하여 생각함으로써 진짜 문제를 찾아내도록 해야한다.

그러면 정말로 가격 문제가 장애물이라고 말하는 고객에게는 어떻게 해야 할까? 가격을 깎으면 제품을 좀 더 쉽게 팔 수 있는 것은 사실이다. 비록 판매에 따른 이익은 줄어들지만 손해를 보는 것은 아니다. 그러나 길게 보면 가격을 깎아서 판매하는 것은 손해다. 단지 고객과 협상하는 것이 어렵다는 이유로 쉽게 가격을 깎아 주면 실력 있는 영업사원이 될 수 없다. 가능한 한 정가를 받는 게 좋고, 혹시 가격을 깎아줘야 할 때가 생기더라도 기술이 필요하다. 영업은 모든 과정이 협상이다. 협상 기술만 안다면 고객과 협상에서 일방적으로 손해 보는 일은 없다.

상담 초반에 고객이 가격 할인을 요구한다고 냉큼 값을 깎아주는 것만큼 싱거운 것은 없다. 가망고객 요구에 바로 무너지면 안 된다. 가격을 쉽게 깎아주면 고객은 고마워하는 대신 영업사원이 부른 가격이 부풀려졌다고 생각할 수 있고, 얼마나 많이 남기기에 이렇게 쉽게 깎아주는지 의아해할 것이다. 그러므로 실력 있는 영업사원이 되려면 고객과 협상을 즐겨야 한다. 고객 중에는 그냥 밑져야 본전이라는 생각으로 할인을 요구하는 고객이 있다. 당신이 조금만 버티면 할인 요구가 흐지부지되기도 한다. 가령 다음과 같이 말하는 것이다.

"죄송합니다만, 고객님 저희 회사는 할인 판매는 안 하는 원칙을 지키고 있습니다."

이런 간단한 한마디로 많은 고객을 물리칠 수 있다. 가격을 깎아 주면 안 되는 이유 가운데 한 가지는 값을 많이 지불할수록 고객이 느끼는 만족감이 커진다는 사실이다. 같은 옷이라도 백화점에서 비싸게 주고 산 옷을 입었을 때 더 큰 만족감을 느끼는 것과 같다. 고객은 비싼 물건이 더 가치 있다고 느끼기 때문이다.

경쟁사 제품보다 자사 제품이 비싸다면 분명 비싼 이유가 있을 것이다. 경쟁사와 당신이 취급하는 가격 차이에 초점을 맞춰 "고객님 우리 것이 10퍼센트 비싸지만 드리는 혜택은 20퍼센트 많습니다"같은 식으로 이야기하라. "고객님께서 20만 원만 추가로 투자하시면 이런 혜택을 드립니다"와 같이 말하며 가격 차이를 극복하는 방법이 좋다.

상담을 하다 보면 고객이 특별히 관심을 나타내는 부분이 있다. 그 부분을 강조하면 가격 저항을 줄일 수 있다. 아울러 가격이 낮은 제품을 구매했을 때 단점을 말하며 투자하는 만큼 얻게 된다는 점을 강조해야 한다. 고객이 싼 게 비지떡이라는 말을 상기하도록 유도해야 한다. 최고 영업사원은 마무리 단계에서 가격 저항에 별로 부딪치지 않는다. 이미 가망 고객이 누리게 될 제품의 가치를 충분히 설명했기 때문이다. 그러므로 가격을 깎아 주며 쉽게 물건을 팔려고 하지 말고 당신이 취급하는 제품의 가치, 이점, 특징, 장점, 차별성을 충분히 공부하여 고객에게 강조해야 한다.

고객이 상식에 맞지 않게 무리하게 억지를 부릴 때가 있다. 이럴 때는 딴청 부리기가 유효하다. 다음은 효과 있는 딴청 부리기 방법이다.

"예상 밖 가격입니다."

"좀 곤란합니다."

"정말 기대 밖 가격입니다."

"그 가격은 무리입니다."

"그 가격은 실망스러운 가격입니다."

"합리적으로 합니다. 그건 너무 과합니다."

"좀 도와주십시오. 그 가격은 너무합니다."

"농담이시죠?"

그외 침묵하기, 딴정부리기 등이 있다. 반대로 고객이 딴청을 부릴 때도 있다. 영업사원이 양보할 만큼 양보했는데도 가타부타 말을 하지 않고 딴청을 부리며 영업사원 애를 태우는 가망고객은 있게 마련이다. 다음 방법은 고객이 딴청 부리기를 할 때 영업사원이 써먹을 수 있는 방법이다.

"당신이 만족할 만한 가격을 말씀해보십시오."

"어느 정도면 동의하시겠습니까?"

"마음속에 동의하고 있는 가격이 있습니까?"

"얼마 정도를 생각하고 계십니까?"

"저는 ○○ 이상 가격을 깎아드릴 수 없습니다. 이게 마지막입니다."

PART 2

고객을 움직이는
영업의 기술

skill of sales 22

고객은 당신에게 먼저 전화하지 않는다

고객의 전화를 기다릴 때, 조급하게 굴지 말고 인내심을 가져야 한다. 당신이 할 수 있는 최선의 일은 건물을 떠나 다른 곳에 있거나, 책상에 앉아 있더라도 부지런히 일을 하며 전화기가 있다는 사실 자체를 의식하지 않는 것이다. 아무리 여러 번 고객이 당신을 필요로 한다고 강조한다 해도, 아무리 당신이 고객에게서 좋은 느낌을 받았다고 해도, 고객은 당신이 기다리고 있는 때에 맞추어 전화하지 않는다. 오래 기다릴수록 더 오래 걸리게 된다.

한 가지 뉴스를 말하겠다. 매우 영향력이 있는 사람들로 구성된 한 컨소시엄에서 장기간에 걸쳐 과학적으로 측정한 결과가 있다. 그들이 내린 결론은 이것이다.

"전화기는 울렸으면 좋겠다고 할 때 절대 울리지 않는다."

훌륭한 영업사원은 활동 계획을 세우고 활동한다. 활동 계획이 있으면 고객의 전화만 기다리는 어리석은 짓은 하지 않는다. 활동 계획에는 가망고객을 발굴하는 시간이나 고객을 관리하는 시간을 포함하면 효율적으로 시간을 활용할 수 있다. 활동 계획은 반드시 종이 위에 적어야 한다. 계획은 간단할수록 좋다. 실천 계획을 벗어나서도 안 되지만 그렇다고 지나치게 얽매일 필요도 없다. 상황에 맞게 융통성을 발휘해야 한다. 영업사원이 영업계획을 세울 때 참고할만한 사례를 제시하겠다.

- 나는 매주 3일(월·수·금)은 오후 1시부터 오후 5시까지 새로운 고객을 발굴하는 활동을 한다.
- 나는 가망고객이나 회사를 하루 3곳 이상씩 방문한다.
- 고객에게 유익한 정보를 매주 1회 문자메시지로 보낸다.(매주 금요일 오후 4~6시)

위의 사례를 참고로 지금 당장 당신의 활동 계획을 세워보기 바란다. 새로운 고객 발굴은 숨 쉬고 운동하는 것만큼이나 영업사원에게 당연한 일이다. 이 일을 게을리하면 계란을 한 바구니에 담는 일이 발생한다. 기존 고객을 꾸준히 방문하는 일은 고객 관리를 위해서나, 재구매를 유도하기 위해서나, 고객 머리에 자신을 새겨 놓는 차원에서 중요하다. 이는 고객으로 하여금 새로운 고객을 추천하고 싶은 마음을 불러일으키기도 한다.

몇 해 전 나는 자동차를 한 대 구매한 적이 있다. 자동차 영업인은 그때부터 지금까지 몇 년 동안 보름에 한 번씩 문자 메시지를 보낸다. 아는 사람이 차를 산다고 해서 그 영업사원을 소개해 줬다. 자동차는 판매 주기가 길다. 길게는 10년 이상 타기도 하지만 보통 5~6년 주기로 차를 교체한다. 자동차 영업인은 오랜 기간 고객 관리를 해야 자동차를 판매할 수 있다. 영업사원이 재구매만 기다려서는 좋은 성과를 얻지 못한다. 고성과 비결은 꾸준한 고객 관리에 있다.

활동 계획을 짰다면 포기하지 않고 달성하려는 자세가 중요하다. 의지력과 인내력이 고갈되기 때문에 한 번 결심한 목표와 계획을 포기하지 않고 실천하기는 쉽지 않다. 결심을 끝까지 이어가겠다는 결심이 중요하다.

skill of sales 23

고객은 당신의 특별한 전화를 기다린다

잠시 결정자의 삶을 생각해 보라. 책상 앞에 앉아 과중한 양의 업무를 보고 시간과 싸우는 모습을 상상해보라. 내 생각에 일벌레 대부분은 '4시간 분량 일을 10분 안에 한다'라는 사고방식을 가지고 있지 않을까 싶다. 이는 많은 스트레스와 변화, 그리고 부정확성 때문이다.

어쨌든 당신이 바로 그 결정자라고 하고 책상에 앉아 아수라장의 한복판에 있을 때 전화가 울린다. 또 다른 성가신 영업사원이 제품이나 서비스를 당신의 목구멍까지 밀어 넣으려 한다. 당신이 결코 원하는 것이 아니다. 당신은 마지못해 전화를 받는다. 하지만 곧 얼굴에 웃음꽃이 핀다. 영업사원이 아니다. 당신이 생각했던 그런 유형의 영업사원이 아니다. 그는 당신 비즈니스를 말한다. 당신이 고민하는 문제를 이야기한다.

그게 무엇일까? 어제 신문기사다. 바로 당신 회사의 경쟁사가 시장점유율에서 이기고 있다는 그 기사 말이다. 그는 당신의 회사와 비슷한 곳에서 일한 경력이 있고, 당신 비즈니스에서 개선이 필요한 부분을 어떻게 해야 할지를 알고 있다. 당신이 말한다.

"네, 다음주 목용일 오후 2시 괜찮습니다. 기대하고 있겠습니다."

당신은 기대감을 나타내는 한편 뭔가 이상한 듯 전화기를 내려놓는다.

"잠깐만, 이 사람은 판매 제품이 무엇인지는 이야기하지 않았어. 뭐, 그거야 다음 주 목요일이 되면 알 수 있겠지."

생각하게 만드는 이야기다.

skill of sales 24

고객은 당신과의 직접적인 접촉을 원한다

- 회사 이메일
- 사무실 음성 메일
- 핸드폰 음성 메일
- 집 음성 메일
- 개인 이메일
- 무선 호출
- 접수 담당자
- 회사 동료
- 우편

당신은 고객에게 위의 어떤 방식으로 메시지를 남기시겠는가? 메시지를 남기고 나면 무언가 성취한 듯한 느낌이 들 것 같은가?

우리는 첨단 기술 덕분에 메시지가 넘치는 세상에 살고 있다. 그런데 나는 고객들에게 "답변 부탁드립니다. 정말 중요한 일입니다. 귀하에게 중요한 정보를 드립니다"라는 메시지를 남기는 것을 좋아하지 않는다. 숱한 목소리 중 하나, 요청의 바닷속 작은 요청 하나로밖에 들리지 않기 때문이다.

나는 직접 커뮤니케이션을 선호한다. 이게 훨씬 효과적이다. 그러니 당신은 당신 고객을 언제 어디서 만나볼 수 있는지 알아내도록 하라. 그리고 그 시간에 보든지 아니면 비는 시간인 아침 8시 이전이나 오후 5시 이후에 만나보는 것이다. 사실 고객은 수많은 메시지에 싸여 메시지에 응답을 못하고 있다. 결코 그들이 공손하지 못한 탓이 아니다. 그냥 그 많은 메시지에 일일이 답변을 하지 못할 뿐이다. 게다가 당신은 그들의 생활 패턴 밖에 있는, 잘 모르는 사람일 가능성이 크다. 그들의 답변 우선순위 리스트에서 아래쪽에 있지 않을까? 그래서 기본적인 원칙은 한마디로 이렇다.

"고객과 직접 대화할 기회가 있다면 놓치지 마라."

skill of sales 25

고객은 간단 명료한 대화를 원한다

내 경험상 현명한 사람은 짧게 무언가를 설명한다. 예를 들어 “가격 대비 효율성이 최고입니다”와 같은 표현이다.

자신의 분야를 잘 아는 사람은 자신의 생각과 아이디어를 누구나 쉽게 이해하도록 표현할 줄 안다. 잘 모르는 사람이나 지식을 과시하려는 사람은 아주 간단한 메시지도 복잡하고 길게 설명한다. 다음처럼 장황한 표현을 쓴다.

“지혜롭게 처신하기에 필요한 자금이 부족한 사람은 자금 문제나 전반적 재정 정책에 종종 의심스러운 가치판단을 내리게 되어 상대적으로 짧은 기간에 바람직하지 못한 결과를 생산합니다.”

고객은 판매에 관한 이런 진실을 이미 알아챘으며, 자신도 잘 모르는 내용을 이야기하거나 듣기에 그럴싸한 말만 하는 영업사원의 장황한 설명에 금세 불편해한다. 자신을 속이지 마라. 고객은 너무 바쁘고 당신의 '판매 이야기'를 이해하기에는 할 일이 너무 많다.

꼭 전달하고자 하는 바가 있다면 '짧고 간단하게Keep It Short and Simple' 하라. 고객이 이해하기 쉽게 이야기하면 고객과 관계 맺기도 좀 더 쉬워진다. 이 KISS 원칙을 실천하는 영업사원에게 고객은 "이 사람 설루션이 정말 우리에게 맞는 거네" 하고 말한다.

skill of sales 26

고객에게 유치한 멘트는 하지 마라

간혹 영업하는 사람들을 보면 유치한 판매 문구를 사용해 고객에게 부정적 이미지를 주는 것을 볼수 있다. 그들은 이런 문구를 사용한다.

"저희가 대량 구매를 했기 때문에 고객님이 싸게 구입하실 수 있는 겁니다."

"한정 판매 가격입니다."

"저희 매니저한테 물어봐야겠네요."

"이상하네요. 저희 서비스가 문제 된 적이 없는데요."

"절대 고장 안 납니다."

"설치는 걱정 마세요. 아주 쉽습니다."

이런 문구들은 귀에 거슬릴 뿐만 아니라 말하는 사람의 신뢰도에도 영향을 준다. 고객 대부분은 교육받은 사람으로 사기당할 가능성에 민감한 반응을 보인다. 요점을 말하자면 사기꾼처럼 말하는 사람은 정말 사기꾼이라고 생각하는 경향이 있다는 것이다. 그러니 잔꾀를 쓰려고 하지 마라. 다른 사람과 이야기할 때와 똑같은 방식으로 고객과 대화하라.

skill of sales 27

고객의 대화를 성실히 경청하라

최근에 나누었던 기분 좋은 대화를 떠올려보라. 대화 상대방은 분명 다음과 같은 중요 사항을 실천했을 것이다.

- 첫째, 의미 있는 질문을 던져 생각하게 만들고
- 둘째, 끊지 않고 당신의 관점을 이해하려 진심으로 경청하고
- 셋째, 과거에 함께했던 일과 대화의 디테일을 기억했다.

말주변이 좋은 영업사원은 어떤 사람일까? 고객을 만나면 막힘없이 제품의 특징을 설명하는 영업사원일까? 세일즈 현장에서 오랫동안 영업사원을 교육하고 훈련하며 지켜보고 느낀 점은 쉬지 않고 말하는 타고난 말주변이 오히려 영업에 해가 될 수도 있다는 사실이다. 영업은 물건을 파는 행위가 아니라 고객 문제를 해결하는

일련의 과정이다.

고객의 문제를 해결하려면 문제를 알아야 해결할 수 있다. 영업사원이 고객 문제를 알아내는 게 뭐 그리 어렵겠느냐고 말하겠지만 한 번 생각해 보라. 당신이라면 처음 본 사람이나 몇 번 본 사람에게 당신이나 회사 문제를 털어놓을 수 있겠는가? 자랑거리라면 모를까 신체의 특정한 질병, 가족력이 있는 질병, 가정의 재정 문제, 자신의 속마음을 쉽게 꺼내기는 쉽지 않다. 당신이 회사 대표거나 구매 담당자라면 친하지도 않은 영업사원에게 회사 사정이나 문제를 속속들이 이야기하겠는가? 고객이 자신이 지닌 문제를 솔직히 털어놓도록 하려면 먼저 고객과 신뢰관계를 쌓아야 한다. 고객이 '이 사람은 믿을만하구나'라고 생각해야 비로소 자신의 속마음, 자신에게 있는 문제, 자신은 무엇이 필요한지, 자신이 무엇을 원하는지 말하기 시작한다.

말주변보다 더 중요한 점은 고객에게 질문하는 것과 질문에 대한 고객의 답변을 경청하는 일이다. 사람은 누구나 자기 이야기를 들어주는 사람을 좋아한다. 그런데도 쉴 새 없이 자기 말만 하는 사람이 있다. 듣는 시늉만 하는 사람도 적지 않다. 실제로는 한마디도 듣지 않으면서 겉으로는 웃고, 가끔 고개도 끄덕이고, 심지어 웃기도 한다. 모두가 대화를 독점하려는 사람의 모습이다.

생각해 보자. 만일 당신이 혼자서 대화를 독점한다면 고객은 어떤 반응을 보일까?

skill of sales 28

고객에게 긴 질문은 하지마라

피터 포크가 주연한 〈형사 콜롬보〉라는 드라마를 아는가? 본 적이 없다면 꼭 보기 바란다. 콜롬보 형사야말로 질문 기술에 관한 한 완벽한 영업사원이다. 콜롬보는 누구에게도 '누가', '무슨' 범죄를 저질렀는지 이야기하지 않는다. '왜'라는 질문도 하지 않는다. 그는 재치나 논리를 발휘하는 대신 엉뚱하거나 심지어 어설픈 행동을 해서는 피의자를 헷갈리게 한다. 그러나 자세히 들여다보면 굽은 등, 구겨진 코트, 꺼져가는 담배를 든 모습 속에서 2가지의 놀라운 재능을 발견할 수 있다. 바로 타고난 호기심에다 핵심을 찌르는 짧은 질문을 던질 줄 아는 능력이 있다.

질문을 잘 이용함으로써 콜롬보는 범죄자가 스스로 코너에 몰리도록 유도해 자기도 모르는 사이에 자백하게 만든다. 피의자 생각을 쥐어짜는 것이 아니라 단순하고 정확한 질문을 하고, 잘 듣고,

몇 가지 메모를 한 후 어느새 범인을 체포한다.

"제가 제대로 이해했는지 모르겠네요. 오늘 밤 여기서 정확히 무슨 일이 있었는지 설명해 주시겠습니까?"

"그게 사실이라면, 사체는 어떻게 한 걸까요?"

"살인자가 왜 그런 걸 신경 쓸까요?"

"정말요? 왜요."

"어떻게 그럴 수 있죠?"

"괜찮으시다면 마지막으로 하나만요. 어젯밤 뭘 했는지 말해 줄 수 있나요?"

이처럼 제대로 된 짧은 질문이 강한 힘을 발휘한다.

skill of sales 29

고객에게 호기심을 느끼게 하라

영업 분야에서 성공하려면 좋은 질문 방법을 배워야 한다. 꺼내기에 어려운 질문이 있다.

- 고객의 의사결정 과정에 대한 것
- 고객이 불편하게 생각할 수도 있는 중요하고 민감한 문제의 정보와 관련한 것
- 고객이 당신과 당신 회사를 어떻게 생각하는지에 관한 것(최근 몇 달 동안 고객서비스가 나빴던 경우 등)

특히 어려운 질문은 이런 것이다.

"큰 거래의 성사를 위해 어느 정도 힘써줄 수 있으십니까?"

질문과 관련해서 한 가지 제안을 하겠다. 사람에게 타고난 호기심을 이용해 원하는 정보를 캐내는 것이다. 취조하듯 묻는 건 피해야 한다. 취조성 질문은 보통 '닫힌' 질문으로 '예', '아니오' 또는 단답형의 대답을 이끌어낸다. "당신이 의사 결정권자인가요?"와 같은 질문이다. 이런 질문은 고객이 싫어할 뿐 아니라 위험하기도 하다. 압박감을 느낀 고객이 대답을 거절하고 가버릴 수도 있다. 설사 가지 않는다 해도 좋은 대화로 이어지지 않는다. 억지스럽고 어색한 대화가 오가기 십상이다.

이와는 대조적으로 "고객님 회사에선 결정이 어떻게 이루어집니까?"와 같이 호기심에 기반한 '열린' 질문을 던지면 한 단어 이상의 대답을 하게 되어 고객에게서 더 가치 있는 정보를 얻게 된다. 고객을 불편하게 만들지 않으면서 고객 상황에 관한 열린 대화를 나누게 된다. 예를 들어 비교해보자.

- **취조성 질문 :**

"복사기 고장으로 서비스를 자주 받으시는 것 같은데, 직원들이 귀찮아하겠네요."

- **호기심 기반 질문 :**

"복사기 서비스가 어떤가요? 직원들은 어떻게 생각하나요?

최근에 서비스를 받으셨을 때 어땠나요?"

호기심에 기반한 질문을 던지면 고객의 사업이 어떤지 진정한 면모를 알 수 있다. 질문을 하고 답변을 들으며 사업이 어떻게 돌아가는지, 방해 요인은 무엇인지, 당신이 무엇을 도와줄 수 있는지 알게 된다. 이 과정에서 영업사원과 고객 사이에 유대감이 형성되기도 한다. 왜냐하면 고객은 자기 일을 이야기하고 싶어 하고, 호기심 많은 영업사원은 이야기를 듣고 이해하기를 좋아하기 때문에 둘이 잘 맞아떨어지는 것이다.

그러면서 당신은 고객의 사업 구조, 경영 절차, 수익과 손실, 경쟁 전략, 마케팅 접근법 등도 알게 된다. 업계에서 일하는 사람들이 누구인지, 누가 잘하고 있는지 못하고 있는지, 누가 누구의 고객 인지는 물론, 인수합병 상황까지도 파악하게 된다. 또한 주식 가격의 인상 이유도 알게 된다. 최고경영자가 왜 회사 한 부문을 매각한 후 불과 일주일 만에 다른 사업체를 매수하는지도 이해하게 된다. 눈에 띄지 않는 두 회사 합병이 어째서 특정 산업 전체를 뒤흔들 수 있는지도 알게 된다. 이 모든 정보가 고객 사무실에서 당신을 기다리고 있다. 이처럼 훌륭한 질문 기법을 사용한다면 모든 정보를 알아낼 수 있다.

마지막으로, 타고난 호기심은 닫힌 질문으로는 절대 불가능한 것을 가능케 한다. 때로는 생각지도 못한 기회를 제공한다. 고객이 말하게 함으로써 당신 스스로는 생각지 못했던 것을 고객이 생각해 낼 가능성이 커지는 것이다. 그리고 그것이 기대하지 못한 큰 영업 실적으로 이어질 수 있다. 따라서 호기심을 갖고 열린 질문을 하여 상대방을 이해하기 위해 노력하자.

skill of sales 30

모르겠으면 고객에게 물어보라

영업사원이 판매와 관련하여 던지는 질문이 있다.

"제안서 길이는 어느 정도여야 하나요?"

"고객이 정말 구매하고자 하는지 어떻게 알 수 있나요?"

"고객이 관계를 중시하는 사람인지 어떻게 알 수 있나요?"

"고객이 우리와 거래할지 어떻게 알 수 있나요?"

"고객이 우리 경쟁사와 거래에 관심을 두는지 어떻게 알 수 있나요?"

나도 영업활동 초기에 이런 것들이 궁금했다. 그 시절에 나는 판매 대부분이 추측 게임이라고 생각했다. 고객이 무슨 생각을 하는지 추측하는 데 많은 시간을 쓰면서 내 추측이 맞기를 간절히 바랐다. 주로 이런 생각이 나 말을 많이 했다.

"김 이사가 최종 결정권자인 줄 알았는데, 김 이사의 상사가 있었네."

"다른 사무실에서 그 시스템을 쓰기 때문에 고객이 우리 경쟁사 제품을 산 거군. 그런데 그걸 도대체 어떻게 알 수 있지."

"우리 제안서가 마음에 안 든 거야. 너무 길고 복잡해서."

만약 내가 혼자서 추측하지 않고 고객에게 직접 물어보았다면 결정적 정보를 알아내서 일을 성사할 수 있었을 것이다. 예를 들면 이렇게 물어야 했다.

"김 이사님, 이 건에 최종 결정을 내리는 사람이 누군가요?"

"선호하는 특정 거래처가 있습니까?"

"우리 제안서에 어떤 내용이 들어가면 좋을까요?"

물론 이런 질문은 가벼운 대화에서 자연스럽게 나오지 않는다. 묻기 쉽지 않은 질문이기도 하다. 영업관리자들이 '어려운 질문'이라고 부르는 이유가 여기에 있다. 한 영업관리자가 "다 좋은데, 마지막에 '어려운 질문'은 던졌어?" 하고 질문한 경우도 기억난다. 이런 질문이 어려운 이유는 내용이 직접적인 데다 우리가 원하는 답변을 듣지 못할 수도 있기 때문이다. 하지만 이런 질문에 답을 알아야 한다는 점은 달라지지 않는 사실이므로, 추측하려는 충동이나 상사 혹은 동료에게 조언을 구하려는 생각을 버리고 고객에게 직접 물어서 원하는 것을 얻어야 한다. 따라서 당신이 원하는 고객 정보가 있다면 곧바로 고객에게 물어봐야 한다.

skill of sales 31

고객과 목적 없이 만나지 마라

뚜렷한 목적 없이 시작하는 미팅이 적지 않다. 그러면 주제를 벗어나 샛길로 빠지기 일쑤라 참석자들이 싫어한다. 시간이 흐를수록 혼란이나 불편을 느껴 시계를 자꾸 쳐다보거나 펜으로 책상을 두드리거나 허공을 바라본다. 그런 모습을 보노라면 사람들이 "회의 주제가 도대체 뭐야?", "우리가 지금 뭘 의논하는 거지?", "내가 왜, 여기 참여한다고 했을까? 나가야 해!"라는 생각을 할지도 모르겠다는 생각이 든다.

이런 미팅은 시작이 그랬던 것처럼 현실적 결론이나 다음 단계에 의미 있는 계획도 없이 흐지부지 끝난다. 당신은 미처 생각을 못 할지 모르지만 나는 당신이 고객과 하는 많은 통화들이 이런 미팅들과 같은 식으로 진행되는지 알고 있다. 고객과 통화할 때는 가벼운 대화로 시작해서 투자한 시간에 비해 구체적 성과 없이 끝나는 것이다. 어떤 조치도, 어떤 합의도 없이 끼적거린 메모만 남을 뿐이다. 이게 얼마나 시간 낭비인가.

고객과 하는 통화를 당신이 책임지고 성공해야 할 모임이라고 생각해 보자. 다시 말해서 결과는 영업사원에게 달린 것이다. 아래에 미팅에서 "방금 무슨 일이 있었지", "완전 시간 낭비로군" 하는 식의 반응을 피할 수 있는 몇 가지 방법을 소개하겠다.

- 미팅의 목적을 확인하는 것으로 시작하라(예를 들어 왜 우리는 여기 모였을까?)
- 참석자 모두에게 미팅에서 얻고자 하는 기대치를 밝히게 하라. "어떻게 하면 이 미팅이 유용한 시간이 될 수 있을까요?"와 같은 질문을 던지면 된다.
- 이런 기대치에 기반한 미팅 안건에 합의를 이끌어내라.
- 토론을 유도하라.
- 토론 결과를 확인한 후 "기대치가 충족되었나요?"와 같은 질문을 던져라.
- 마지막으로 참석자들이 자리를 뜨기 전에 실천 가능한 행동 계획을 세워라.

이러한 미팅 진행 기술을 발휘한다면 자신감을 보여주고 고객 신뢰를 얻을 것이 확실하다. "정말 생산적인 미팅이었어요. 우리 회사 직원들 미팅도 이렇게 정리가 잘 되면 참 좋겠네요!" 하는 긍정적 반응을 이끌어낼 수 있다.

skill of sales 32

고객을 만나기전 스스로 질문하라

절대로 직감만으로 고객을 만나면 안 된다. 놓쳐서는 안 될 부분을 놓쳐버리기 때문이다. 더 중요한 것은, 당신이 준비가 안 되었을 때 고객이 그것을 알아챈다는 사실이다. 당신의 준비 부족, 대화 주제 부족, 초점에 맞는 질문 부족, 행동과 방향성의 부족 같은 문제점이 고객으로 하여금 왜 당신과 귀중한 시간을 보내야 하는지 질문하게끔 만든다. 따라서 각 방문별로 전략을 세워 준비하고 생각을 명확히 해야한다.

영업에서 좋은 성과를 내려면 먼저 고객을 연구해야 한다. 고객이 무엇을 좋아하고, 어떤 생각을 하는지 제대로 알지 못하면 고객이 영업사원을 떠난다. 사전 정보 없이 무조건 물건만 팔려고 달려들면 고객은 거부감을 갖고 도망가게 마련이다. 따라서 영업사원이 고객을 만나기 전 고객 정보를 미리 알면 유리하다.

고객을 만나기 전 해야 할 첫 번째 질문은 '고객이 무엇을 좋아할까?'이다. 상대방이 원하는 것을 정확히 파악하는 일은 신뢰를 쌓아가는 제1조 건이다.

고객을 만나기 전 해야 할 두 번째 질문은 '고객은 무엇을 가장 소중히 여길까?'이다. 고객이 소중히 여기는 것을 알면 그것을 중심으로 대화를 이끌어 가는 것이 좋다. 이것은 고객이 제품을 구매할 때 기준이 되기도 한다. 고객 가치관이 되기도 하고, 고객이 인생을 살아가는 이유가 되기도 한다.

고객을 만나기 전 해야 할 세 번째 질문은 '고객 현재 문제는 무엇일까?'이다. 고객 문제를 모르면 해결할 수 없다. 고객을 만나기 전 미리 파악하면 가장 좋지만 그렇지 못했다면 상담 초기에 문제를 탐색하는 질문을 해야 한다. 탐색할 때 중요한 점은 반드시 영업사원이 취급하는 제품으로 해결할 수 있는 고객 문제에 관한 것이어야 한다는 사실이다.

고객을 만나기 전 해야 할 네 번째 질문은 '고객에게 이 제품이 왜 필요할까?'이다. 물론 고객 문제를 알면 제품이 필요한 이유는 명확해진다. 여기서 중요한 점은 제품 기능보다는 가치를 강조해야 한다는 점이다. 고객에게 제품을 설명할 때 단순히 제품의 기능적인 특징보다는 고객이 문제를 해결하였을 때 누리는 이익을 강조해야 한다. 그러므로 영업사원은 고객과 상담하기 전에 고객이 누리게 될 이익을 잘 준비할 필요가 있다.

고객을 만나기 전 해야 할 다섯 번째 질문은 '고객에게 신뢰를 얻으려면 무엇을 해야 할까?'이다. 영업에서 가장 중요한 덕목은 고객 신뢰다. 신뢰가 없으면 아무리 좋은 제품이라도 고객이 구매하지 않는다. 영업사원이라면 끊임없이 고객의 신뢰를 얻는 방법을 고민해야 한다. 다시 한번 아래에 반복해서 질문을 정리한다.

"고객이 무엇을 좋아할까?"

"고객은 무엇을 가장 소중히 여길까?"

"고객 현재 문제는 무엇일까?"

"고객에게 이 제품이 왜 필요할까?"

"고객에게 신뢰를 얻으려면 무엇을 해야 할까?"

skill of sales 33

고객을 만나기전 리스트를 만들어라

나는 회사 높은 자리에 있는 분이 고객 방문 계획을 잡아주기 위해 나에게 미팅 계획 용지를 건네줄 때마다 속으로 움츠러들곤 했다. 이미 산처럼 쌓여 있는 서류는 어떡하란 말인가. 그리고 최악은 장황한 고객 질문지를 작성해달라고 할 때였다. 고객 방문이 무슨 시장조사 인터뷰라도 되는 걸로 생각했을까?

고객은 그런 질문과 답변을 좋아하지도, 수용하려고 하지도 않는다. 물론 나는 그것을 사용하지 않았다. 고객 앞에서 절대로 하지 말아야 할 일이 대화를 잘 나누다가 14쪽짜리 질문지를 꺼내 '현재 필요한 사항들'을 캐묻는 것은 대화를 망치는 일이라 생각했다. 그런데 그게 아니었다. 그렇게 방문 전 계획을 무시한 결과, 준비 없이 즉흥적으로 대처하게 되었고, 필요한 정보를 빠뜨리거나 고객의 구매의사를 이끌어내지 못한 채 끝나게 된 것이다.

중요한 방문이나 미팅이 있는데 세밀한 방문 계획서를 작성할 시간이 부족할 수 있다. 이럴 때, '필수 항목 리스트'를 이용해보라.

모든 방문은 고객 관계를 어떻게든 개선하는 것이어야 하는데, 필수 항목 리스트는 그 과정에서 반드시 필요한 정보를 간추린 것이다. 부담스러운 방문 계획서와 달리 이 필수 항목 리스트는 한 장으로 이루어져 있어 미팅 시에도 무릎 위에 올려놓고 계속 활용함으로써 도움을 받을 수 있다.

다음은 방문 때 내가 활용한 필수 항목 리스트다.

<필수 항목 리스트>

- 의사결정 과정
- 문제점은 어디에 있을까?
- 이 부분에선 왜 우리를 지지할까?
- 경쟁의 위협
- 다음 단계
- 전략적 계획
- 아웃소싱에 보는 관점
- 실행할 때 장해 요소들
- 기업 내 신임 부서장의 힘

나는 이렇게 간단한 리스트 하나만 들고 중요한 간부급 고객을 2시간 동안 방문한 적도 있다. 지금은 다른 영업사원도 이 필수 항목 리스트를 적극 활용한다. 한 후배 영업사원과 중요한 방문을 함께 했을 때도 그가 자신만의 필수 항목 리스트를 만들어왔다는 것을 알게 되었다. 그는 더 나아가 그 리스트에서 얼마나 많은 항목을 활용했는가를 방문의 성공 척도로 삼고 있었다.

나는 그의 대화를 유심히 들어보았다. 그는 인터뷰나 판매 방문 같지 않게 다분히 지능형 비즈니스 대화를 했다. 적극적이고 호감을 갖게 하는 대화였고, 상대방은 그의 사려 깊은 질문에 다소 놀라는 눈치였다. 이것들이 바로 필수 항목 리스트에서 끌어낸 것들이었다. 그러다 대화가 잠시 주제를 벗어나는가 싶으면 그는 잠시 리스트를 체크하고는 곧바로 리스트 안의 주제로 돌아가는 것이었다. 그가 만족스러운 수준으로 대화한 항목 옆에 체크 표시를 해두는 것도 보았다. 결과는 어땠을까? 우리는 그 리스트에 있는 정보와 함께 계약까지 얻어냈다. 간단한 리스트를 가이드로 해서 판매에 성공한 것이다.

skill of sales 34

고객 방문 전략은 높고, 넓게 하라

고객사에서 어떤 사람과 이야기해야 하는지 헷갈릴 수 있다. 하지만 큰 상관은 없다고 본다. 대화가 그 사람에게서 멈추지만 않는다면 말이다. 성공의 비결은 여러 사람과 연락을 취하는 전략에 있다. 특히 많은 사람이 누가 무엇을 누구에게서 구매하는지 목소리를 내는 대형 고객사는 '높고 넓은' 방문 전략을 세우는 것이 현명하다. '높은' 곳이란 경영진이나 고위 간부를 의미한다. 왜 고위층을 만나야 하는가? 고위층을 만나야 하는 이유는 다음의 세 가지 때문이다.

첫째, 높은 지위에 있는 사람이 결정을 내리기 때문이다. 더 이상 말이 필요 없는 이야기다. 그렇다고 일선에서 일하는 직원들을 간과하지 마라. 요즘에는 꽤 중요한 결정들이 그들 손에서 이루어진다. 그런데 경영진 중에서도 본부보다 현장의 경영진에게 더 힘이 실린다는 사실을 알아야 한다. 다시 말해서 고객과 더 많이 접촉하는 경영진에게 힘과 자금, 그리고 사내 영향력이 집중되어 있다는 이야기다.

둘째, 설루션 제품이 고객사 전체 또는 한 부서의 전반에 걸쳐 영향을 미치거나, 기업 설루션이 매우 고가라면 고위층 지지를 받아야 할 것이다. 큰 그림을 볼 줄 알고 그 그림에 영향을 미칠 만한 사람과 거래해야 한다. 보통 이런 사람은 일상 업무에서는 빠져 있다. 그래서 좀 더 높은 곳을 방문해야 한다.

셋째, 경영진은 당신에게 회사의 다른 부문을 연결하도록 도움을 줄 수 있다. 크고 복잡한 설루션은 리스크도 크다. 말단 사원은 그들의 삶에 적지 않은 변화와 리스크를 가져올 영업사원을 꺼려한다. 하지만 위에서 허락이 떨어지면 이들과 접촉이 쉬워진다. 이러한 경영진의 지원을 위해서는 그들을 만나야 한다.

따라서 가능하면 항상 높은 쪽을 방문하도록 해야 한다. 고위 간부에게 좋은 인상을 심어주면 그때부터 당신은 후광효과를 누릴 수 있다. 최고의 시나리오는 고위 간부를 만났는데 그가 대신해 줄 사람을 찾아보라. 회사 내에 비슷한 직책을 가진 임원에게 부탁해서 조찬 미팅이나 경영진 미팅을 주선해보라. 아니면 골프라도 쳐라. 무슨 수단을 써서라도 경영진과 관계를 만들 기회를 놓치지 말아야 한다..

'폭넓게' 만난다는 것은 고객사 여러 부서 사람들을 만나라는 의

미이다. 얼마 전까지만 해도 권한을 중앙에 집중하는 것이 일반적이었지만, 최근 들어 많은 회사에서 의사결정권을 분산하고 있다. 과거에는 모든 결정을 본사에서 했고, 많은 영업사원이 그곳에 매달렸다. 하지만 시간이 지나면서 그것이 오히려 생산성을 떨어뜨린다는 사실을 알게 되었다. 실제로 벌어지는 일에서 본사는 너무 멀리 있기 때문이다. 그래서 본사 기능은 축소하거나 아예 사라졌다. 본사가 맡은 중요한 업무는 고객과 좀 더 가까운 현장으로 이전했다. 시장과 고객을 더 잘 알고 있는 현장의 직원이 의사결정을 더 신속하게 할 수 있기 때문이다.

이 같은 분산화 여부를 알 수 있는 방법은 고객사 조직도를 입수하는 것이다. 잠깐만 들여다보아도 결정권이 어디에 있는지 알 수 있다. 피라미드식 조직은 결정권이 중앙에 집중되어 있고, 승인도 맨 꼭대기에서 한다. 하지만 최근에는 회사 조직도가 '고객 지원팀' 또는 '사업 팀'이라는 이름 아래 조각조각 나뉘면서 매우 복잡한 모양을 갖게 되었다.

각 부서가 모두 본사에 보고하도록 된 경우에도 부서별로 매니저나 부서장이 따로 있다. 이렇듯 상하 구조가 아닌 팀, 그룹 모양의 조직도라면 결정권을 다양한 부서들로 분산한 회사라고 보면 된다. 판매부서나 현장 직원들이 예전보다 더 많은 영향력을 지닌 것이 최근의 확연한 흐름이다.

이처럼 결정을 한 곳에서만 하지 않는 현실에서 당신은 필드로 나가 다른 부서와 팀을 방문해야 한다. 또한 여전히 힘과 영향력을 가진 본사의 직원들과도 연락을 유지해야 한다. 한마디로 회사 전체를 어느 정도 알아야 한다는 이야기다. 결정의 시간이 왔을 때 당신의 경쟁사를 더 선호하는 유력자를 깜박했다는 사실을 알게 된다면 곤란하다.

skill of sales 35

고객사의 결정 촉매자를 찾아라

당신이 내게 물 한 잔을 판다고 하자. 이때 내가 그 물을 구매할 가능성은 내가 목이 마른 정도와 정비례한다. 같은 원리로 당신이 판매하는 제품이 점프 한 번으로 고층 빌딩을 뛰어넘는다고 해도 상관하지 않을 사람이 있다. 그 이유는 제품이나 서비스가 아무리 흥미롭고 효과적이라 해도 그들 자신의 '불'을 가지고 있지 않기 때문이다.

오랜 시간 지연된 판매를 생각해 보라. 파일 캐비닛에서 먼지만 덮어쓰고 있는 계획서들을 보라. 숱한 경쟁업체를 알아보다가 결국 지금 쓰는 시스템이 당분간은 충분할 거라고 스스로 위안하는 고객을 생각해 보라. 터무니없이 낮은 가격으로 주문하고, 절대 굽히지 않는 고객도 생각해 보라.

왜 이런 일이 일어날까? 고객은 당신 제품이나 서비스 없이도 잘

지낼 수 있기 때문이다. 그들은 목이 마르지 않은 것이다.

여기에 지혜의 진주가 있다. 의사결정자는 번잡하게 생각하지 않는다. 그들 주위에서 불들이 이글이글 타오르고 당신 제안에 그것들이 잘 녹아들어 가 있더라도 의사결정자들에게는 그 불이 그들 아래에 있는 직원들의 문제인 것이다. 결과적으로 그들 눈앞에서는 깜박이는 빛 정도로밖에 보이지 않는 것이다. 그들은 더 큰 문제를 안고 있기 때문이다.

해결책은 이것이다. 회사 안에는 항상 심하게 불에 덴 사람이 있게 마련이다. 이글이글 타오르는 불에 책임을 지고 타격을 받는 사람, 불을 해치우면 삶이 크게 나아진다는 동기가 있는 사람, 무엇보다도 영향력이 있는 사람, 바로 결정 촉매자를 찾아아야 한다.

당신은 그를 존중하고 사랑하라. 커피를 사주고 말을 걸어보라. 이야기를 들어주고 그의 사정을 속속들이 알아보라. 그리고 그를 이용하라. 결정 촉매자는 의사결정자를 구매 쪽으로 끈질기게 유도해 줄 사람이다. 만약 당신이 모든 고객사 내에 이런 사람을 알아둔다면, 그리고 그를 당신과 당신의 제품 판매를 위해 잘 활용한다면, 당신은 성공한 영업사원이 될 수 있다.

skill of sales 36

주변의 평판을 활용하라

만약 당신이 판매하는 물건이 만 원에 불과하다면 당신 회사의 명성이 중요할까? 내 말은 감자 한 자루나 편지봉투 한 상자를 판매하기 위해 대단한 명성이 필요하겠느냐는 것이다. 나는 오천 원 정도의 물건을 많이 구매하지만 생산업체는 전혀 아는 것이 없다. 물건 대부분이 중국이나 베트남에서 온다는 것을 빼고는 말이다.

왜 신경을 쓰지 않을까? 당신이 나에게 양말 한 켤레를 오천 원에 판다고 해보자. 어떤 리스크가 있을까? 만약 내가 집에 가서 딱 한 번밖에 안 신었는데 양말이 찢어졌다고 가정해 보자. 그것이 큰 문제가 될까? 최악의 시나리오라고 해 봤자 약간의 돈을 잃는 정도다. 이 정도 수준에서는 양말을 판 영업사원이나 양말 제조회사에 신경을 쓸 정도는 아니다.

이 책을 읽는 당신은 프로 영업사원일 것이다. 판매하는 제품도 오천 원이 훨씬 넘을 것이다. 더구나 그것은 복잡한 기술의 설루션 제품일 수 있으며, 고객사의 사람과 업무 프로세스, 그리고 부서에 영향을 끼칠 수 있고, 또한 제품이 성공적인 성과를 낸다면 회사에 귀한 자산이 될지도 모르고, 혹은 잘못되어 회사에 큰 장해물이 될지도 모르는 일이다. 가격, 복잡성, 상호의존도 그리고 충격 등 모든 요인이 고객사에는 리스크가 될 수 있다.

이러한 위험 요소에 직면했을 때 고객들은 항상 영업사원의 평판(바로 당신)을 척도로 리스크 정도를 평가한다.

- **좋은 평판=낮은 위험도**
- **나쁜 평판=높은 위험도**

그렇다면 당신 판매 사이클 중 어느 시점에서 고객이 다음 질문을 떠올린다고 해도 놀랄 일은 아니다.

"당신은 누구죠? 우리가 본 적이 있나요? 저와 비즈니스 한 적이 있나요?"

"얼마나 오래 이 일에 종사하셨나요?"

"어떤 고객이 당신과 비즈니스를 하나요?"

"그 고객은 왜 당신과 비즈니스를 하나요?"

당신이 평판이 좋은 회사에서 일하고 있다면 이러한 질문에 직접 답할 필요가 없을지 모른다. 하지만 가볍게 생각하지는 마라. 회사 평판이 좋다고 해도 고객은 같은 질문을 던질 것이다. 만약 어떤 이유로 당신이 실패한다면, 다시 말해서 판매한 설루션 제품이 제대로 작동하지 않으면, 고객사 누군가가 짜증이 나서 누가 구매 결정 책임자를 찾게 될 것이다. 그 사람이 책임자 즉, 바로 당신의 고객을 찾게 되면 뭐라고 물을까?

"영업사원은 누구였습니까? 그를 알았나요? 그와 비즈니스 한 적이 있나요?"

"그는 얼마나 오래 이 일에 종사했습니까?"

"우리 외에 누가 그와 비즈니스를 하지요?"

"다른 사람은 왜 이 설루션을 선택했을까요?"

오래전 IBM이 컴퓨터 시장을 석권한 적이 있었다. 중앙처리장치의 시대였다. 그때는 개인용 컴퓨터나 마이크로소프트 이전 시대였다. IBM은 그 당시 리더였고 모두 그렇게 알고 있었다. 그래서 IBM 영업사원들은 고객이 덜 알려지고 규모가 작은 경쟁사의 제품을 검토할 때마다 IBM의 명성을 이용했다. 고객이 리스크를 따져볼 때마다 IBM 영업사원은 그들의 귀에 이렇게 속삭였다.

"기억하세요. 지금까지 IBM을 구매한 직원 어느 누구도 해고 당한 적이 없습니다."

당신이 이 문제를 다루는 데는 두 가지 방법이 있다. 만약 당신이 평판이 높은 회사 영업사원이라면, 고객들에게 자주 그것을 상기하도록 하라. 만약 당신 회사가 평판이 높지 않다면, 또는 최악의 경우로 당신이 최고의 평판을 가진 회사와 경쟁을 해야 한다면, 당신의 제품을 파는 것처럼 당신과 당신의 회사를 고객에게 팔아야 한다. 그리고 논의를 피하지 말아야 한다. 그것은 실패하는 지름길이다. 당신이 논의를 피한다는 것은 고객들에게 당신을 마음대로 생각하게 한다는 의미고, 경쟁사에서 고객들에게 당신 평판이 충분하지 않다는 것을 설득하도록 방치하는 것이다. 그렇게 하면 안 된다. 당신은 당신과 회사의 평판을 고객들에 지속적으로 이야기해야 한다.

skill of sales 37

고객의 추천은 막강한 도구다

나는 영업사원이다. 당신은 지금 중요한 프로젝트를 진행 중인데, 내가 당신에게 전화를 건다. 당신은 나도 모르고 내가 판매하려는 제품도 모른다. 하지만 당신은 A 씨를 안다. A 씨는 당신 고객이고 산업 내에서 중요한 위치에 있는 사람이다. 나 또한 A 씨를 알고, 그는 나와 나의 제품 그리고 나의 회사를 높이 평가한다. 그러면 아마도 당신은 나와 이야기하고 싶을 것이다.

영업사원은 매 순간 고객에게 추천 요청을 해야 한다. 브라이언 트레이시는 최고의 영업사원을 이렇게 규정했다.

"최고의 영업사원은 가망고객 발굴 능력이 탁월하지만, 가망고객을 찾아 나설 필요가 없는 사람이다."

왜 그럴까? 바로 고객한테 끊임없이 새로운 가망고객을 추천받기 때문이다. 고객에게 새로운 사람과 연결해달라고 하라. 하지만 곧바로 하지는 마라. 고객이 제품의 버그를 해결하거나 최소한 제품에서 이득을 볼 때까지 기다려라.

추천은 고객이 느끼는 신뢰감에 비례한다. 시간이 되었다 싶으면 전화를 걸라. 추천 요청은 막연하게 하기보다 구체적으로 지명하여 부탁하는 것이 좋다.

"○○ 씨, 이제 설루션 제품도 잘 작동하고 있고, 제가 도움을 받을 수 있을 것 같네요. 저희 제품이나 서비스로 이익을 볼 만한 사람을 혹시 알고 계시나요? 저희 제품에 관심이 있을 만한 사람 알고 계세요?".

"고객님 주변에 고객님처럼 우리 제품이 꼭 필요한 사람 3명만 추천해 주십시오."

"고객님과 가깝게 지내는 직장동료는 어떤 사람들입니까?"

"고객님과 같이 운동하는 분 중에서 누구와 가장 마음이 잘 맞습니까?"

"고객님과 같은 사업을 하시는 분들 중에 어느 분이 가장 성공하셨습니까?"

"주변에 고객님과 비슷한 문제로 고생하시는 분이 계시면 말씀해 주세요."

만족하고 있는 고객에게 추천을 부탁해보라. 최고의 도구가 되어줄 것이다. 그리고 사후 처리도 중요하다. 고객한테 추천을 받았으면 추천해 준 고객에게 반드시 경과보고를 해야 한다. 고객은 항상 자기가 추천해 준 고객이 구매했는지 안 했는지 궁금하게 생각하기 때문이다. 그러므로 감사 인사와 함께 진행 상황이나 결과를 말해줘야 고객은 안심하며 당신에게 신뢰감을 느낀다. 판매에 성공했다면 작은 선물을 준비하는 것이 예의이다. 선물을 싫어할 사람은 아무도 없다.

skill of sales 38

고객은 신뢰하는 사람에게서 구매한다

신뢰관계는 영업에서 최고의 비밀 중 하나다. '사람들은 좋아하는 사람에게서 구매한다'는 말이 있다. 고객들과 친하게 지내는 것은 좋은 일이다. 그렇게 함으로써 소통도 더 잘 되고 신뢰도 쌓인다. 고객은 구매 결정을 내릴 때 많은 리스크를 감수해야 한다. 개인적 친분을 위해 계산되지 않은 리스크를 떠안기에는 시간적으로, 금전적으로 부족하다.

한편으로 사람다워야 하는 것도 있다. 당신이 비누받침을 팔든 잠수함을 팔든, 사는 쪽도 사람이고 파는 쪽도 사람이다. 그래서 모든 판매에는 감정적인 요소가 섞여 있기 마련이다. 결국 사람은 사람에게서 구매하기 때문이다.

한마디로 신뢰는 있어야 한다. 사람은 결국 당신 이름을 보고 사게 된다. 그렇기 때문에 회사의 명성을 앞세워 뒤에 숨어버리면 안 된다. 고객은 회사가 아닌 당신에게서 구매하기 때문에 당신 행동이나 태도가 중요하다. 그것이 신뢰 여부를 결정하기 때문이다.

전에 영업사원 한 명을 지도해 준 적이 있다. 그는 많은 시간을 투자해서 고객들과 개인적인 친분을 쌓았다. 서비스에 문제가 생기면 그는 항상 해결되도록 해주었다. 고객이 정보가 필요할 때는 시간을 내서 알아보고 알려주었다. 고객의 하루가 너무 길다 싶을 때면 사무실에 들러 너무 무리하지 말라고 이야기해 주기도 했다. 그의 고객들은 너무 익숙해진 나머지 그가 사무실에 안 들리면 놀랄 정도였다. 그가 사무실에 얼굴을 비추는 것은 고객을 향한 관심의 증표였다. 그는 경쟁에서 거의 지지 않았다. 고객이 제품을 구매하기 위해 따로 시간을 낼 필요성을 못 느꼈기 때문이다.

그러다가 그는 운명처럼 정말 골치 아픈 고객을 맡게 되었다. 다른 영업사원들이 기피하는 고객이었다. 영업사원들은 이 고객에게 제품을 판매하려고 하다가 모두 실패했고, 그럴 때마다 다른 영업사원에게 바통을 넘기는 것이었다. "이 고객은 상식적이지 않다", "이 고객은 경쟁사를 사랑한다", "이 고객은 중세 시대 사람 같다", "이 고객은 우리를 좋아하지 않는다", "이 고객은 멍청하고 상대할 가치가 없다" 등등 핑계도 다양했다.

위의 영업사원도 다른 영업사원들에게서 조언을 많이 들었다.

"시간 낭비하지 마세요. 그 고객에게는 판매를 못합니다. 구매 자체를 안 하는 사람이에요."

그런데도 이 영업사원은 의연하게 전화와 방문으로 판매를 시도하기 시작했다. 그는 고객 사무실에서 시간을 보냈고, 회사 내 많은 사람에 대해 속속들이 물어보고 답을 얻었다. 사무실 구석에 있는 기계를 고쳐주는 등 가능한 범위 내에서 도움을 주었다. 전혀 다른 방법으로 판매에 임한 것이다. 이렇게 그는 특정 제품을 판매할 생각 없이 고객에게 다가갔다. 자신을 먼저 판매한 것이다. 그러는 동안 그는 다른 영업사원들에게 많은 공격을 받았다. 그들 눈에는 헛수고만 하는 꼴이었으니까. 하지만 그는 계속 계획대로 진행했고, 어느 순간 이 고객이 생각만큼 그리 진상은 아니라는 사실을 깨달았다.

사실 고객은 이전의 영업사원들에게 함부로 대접받았다. 그런데 그에게 이 영업사원은 달랐다. 판매에만 눈이 충혈되지 않고 실제로 자신의 문제를 같이 나누려는 사람으로 인식된 것이다. 이전에는 아무도 자신을 존중하거나 신뢰를 얻으려고 노력하지 않았다. 영업사원은 결국 원하는 전화를 받게 되었다.

"이번 주에 전화 한 통 주세요. 당신에게서 제품을 구매하기로 결정했습니다."

모든 성공적인 고객 관계 기초에는 공통점 하나가 있다. 그것은 바로 서로의 신뢰속에서 나온다..

skill of sales 39

고객의 고객을 파악하라

요즘 들어 많은 사람이 '가치사슬value chain'을 이야기한다. 그것은 정확히 어떤 것이며, 또 판매와는 어떤 관계가 있는 것일까? 나에게 가치사슬은 고객의 비즈니스 사이클(투자와 생산) 내의 중요한 요소 혹은 '링크'를 설명하는 것이다. 간단하게는 이런 모습이다.

B를 고객으로 둔 한 영업사원은 B의 비즈니스 이슈를 묻고, 그 이슈를 해결하는 방법을 추천해 준다. 만약에 그가 생산라인 속도를 더 빠르게 해주는 최첨단 로봇을 판매한다면, 어떻게 하면 생산

라인의 효율성과 생산성을 높일지 문제와 니즈를 조사할 것이다.

그런데 성공적인 영업사원은 여기서 한 단계 더 나아간다. A와 C의 운영 상태를 알아보고, B의 생산라인의 효율성과 생산성을 높이는 문제와 니즈가 그들에게 어떤 의미인지 알아내는 것이다. 여기서 당신은 '왜 영업사원들이 굳이 그렇게까지 할까'하는 의문이 있을 것이다. 이유는 바로 B에게 해줄 추천 때문이다. 고객 하나만을 고려하는 제안은 가치사슬 내에서 한 '링크'만을 해결할 수 있다. 위에서는 B의 생산라인 운영이다. B는 생산라인의 효율성 증대를 기대할 수 있다.

"B, 우리의 새 로봇 제품을 이용하면 생산라인의 효율성과 생산성이 15%는 더 증가할 것입니다."

그러면 B는 그 15%의 증가가 공급업체와 고객사에 끼칠 영향에 관심이 생길 것이다. B는 공급업체 없이는 조립할 재료를 구할 수 없고, 고객사 없이는 제품을 팔 곳이 없기 때문이다.

자, 이제 두 번째 영업사원이 B의 공급업체와 고객사를 조사한 후 어떤 로봇 설루션 제품이 가치사슬 전체에 가장 적합한지 설명하는 장면을 상상해보자.

"B, 저희의 로봇 설루션을 사용하시면 A는 더 대중적인 자동차 부품을 사용할 수 있어 생산이 더 쉬워지면서 동시에 두 곳 모두 비용을 절감할 수 있습니다. C 역시 엔진이 빨리 만들어지는 것 외에 A의 부품이 2배는 더 튼튼해져서 더 나은 자동차를 만들 수 있습니다. C에게 확인해 보았는데 그도 동감했고, 추가로 생산에서 출시까지 걸리는 시간을 줄일 수 있어 좋을 것이라는 이야기를 했습니다. 아, 그리고 저희 로봇 설루션을 사용하시면 생산라인의 효율성과 생산성이 수치상으로 약 15%가 증가합니다."

어느 영업사원이 B의 선택을 받게 될까? 가치사슬 판매 방법은 아주 강력한 방법이므로 예를 하나 더 들겠다.

나에게 대형 통신회사의 우수 영업사원인 친구가 한 명 있다. 그는 이른바 '수직' 배치로 고객이 모두 건강 업계에 있었다('수평' 배치는 다양한 업계의 고객을 말한다). 집중해야 할 업계가 하나였기 때문에 그가 이 업계의 니즈를 이해하는 데는 그리 오랜 시간이 걸리지 않았다(공급자, 경쟁자, 그리고 최종 고객 등). 그의 고객은 대형 병원이었는데, 고객의 가치사슬을 잘 알게 되었다. 하지만 아는 것만으로는 충분하지 않았다. 그는 통신이 이 사슬의 중요한 링크라는 것을 알게 되었고, 얼마 후 고객의 고객들에게 전화를 돌리기 시작했다. 정확하게 말하면, 고객의 고객들인 지역 건강보험회사들을 직접 방문해서 대화를 나누었고, 통신이 그들에게 어떻게 사용되는지 파악했다. 노력의 결과 그는 가치사슬 전체의 독특한 통신 환경을 깊이 이해하게 되었다.

그의 제안이 상상이 가는가? 그의 제안은 병원의 통신 환경이 건강보험회사들에 어떤 이익을 안기는지 설명하는 것이었다. 통신과 고객 관계 증진이 이윤과 어떤 관계가 있는지 보여주었다. 그의 고객사는 흔쾌히 계약서에 사인했다.

여기서 그는 왜 그렇게까지 폭넓게 조사했을까? 간단하다. 그는 대형·장기 계약을 체결하기 위해 정말 좋은 이유를 가진 제안이 필요한 것이다. 내 친구는 이 가치사슬 판매 방법을 사용해 경쟁업체를 봉쇄하기도 했다. 그의 설루션 비용은 문제가 되지 않았다. 다른 경쟁업체가 덤비지도 않았다. 판매 금액이 몇백만 달러였음에도 불구하고 말이다. 고객사도 다른 곳으로 눈을 돌리지 않았다. 왜 그랬을까? 내 친구는 고객의 고객과, 고객의 공급업체가 이미 자신의 회사 제품을 사용하고 있다는 사실을 알고, 가치사슬 내의 고객 역시 나머지 사슬처럼 자연스럽게 그의 회사 제품을 선택할 것으로 본 것이다. 당신에게도 이와 같은 고객이 있는가? 고객의 공급업체와 고객사가 이미 당신의 제품이나 서비스를 이용하는 고객 말이다.

요약하면 가치사슬 판매 방법은 고급 기술이지만 당신 고객들에게 큰 신뢰를 쌓을 수 있고 잠재 경쟁업체를 봉쇄할 수 있다. 그러나 많은 시간과 노력이 들기 때문에 모든 사람에게 어울리는 방법은 아니며, 특히 당신이 몇백 명 고객을 보유하고 있다면 고객의 고객사에 전화를 거는 방법은 현실적이지 못하다. 하지만 그런 상황에서도 가치사슬 판매 방법은 도움이 될 수도 있다.

먼저 고객의 가치사슬을 고려해보고 질문하는 것부터 시작해 보라. 당신의 고객은 당신의 체계적인 판매 접근 방법에 깊은 인상을 받을 것이다. 그러면 당신은 당신의 회사에 가져올 수 있는 진짜 가치를 더 확실하게 파악할 수 있다.

skill of sales 40

자신의 제안서를 과신하지 마라

지난 몇 해 동안 나는 업무 환경이 전쟁터에 가까운 고객을 많이 방문해 왔다. 그들은 할 일은 많은데 시간은 너무 부족하다고 이야기한다. 그런 고객 책상을 자세히 들여다보면 수많은 내부 서류, 편지, 메모 더미 속에 제안서도 몇 장 끼어 있다. 바로 나보다 먼저 고객을 방문한 부지런한 영업사원의 것이다. 가끔 나는 외롭게 남아 있는 제안서를 바라보며 그 제안서를 작성한 영업사원이 기대에 차 있을 모습을 상상해본다.

물론 고객은 그 영업사원을 오래전에 잊었을 것이다. 제안서 작성에 들어간 영업사원의 노력은 어지러운 책상 속에서 모두 사라지고 없다. 콘텐츠도, 내용도, 의미도, 모두 다 사라진 것이다. 내 생각에는 고객이 읽을 시간이나 의향이 없다 보니 너무도 많은 제안서가 이런 식으로 사라지는 것 같다. 이유가 뭘까? 이유는 많은 회사에 만연해 있는 현상에서 비롯된 것이다. 제안서가 마치 판매 도구의 최고봉이라고 생각하는 믿음이다.

물론 제안서는 중요하다. 당신과 고객이 이야기한 항목 모두 서면으로 확인해야 한다. 또한 제안서는 당신이 회사를 떠난 후에도 오랫동안 당신과 당신 회사를 대표한다. 게다가 제안서는 실제로 결정자의 손에까지 들어가는 유일한 판매 도구일 경우가 많다. 그만큼 중요하다. 하지만 당신의 멋진 제안서에 흥분하기 전에 다음 세 가지 질문을 자신에게 던져보라.

1 고객에게서 나의 제안을 진지하게 고려하겠다는 응답을 받았는가?

이제 제안서를 쓸 때가 되었다는 생각이 들어서 멋대로 제안서를 작성한 적이 얼마나 많았나? 고객이 제안을 진지하게 고려할 준비가 되었나? 그는 진지한가? 지불할 자금은 있나? 또 리소스는 가지고 있나? 그는 살 준비가 되었나? 아니면 그냥 찔러보는 건가?

2 고객에게 제안서 내용이 어땠으면 좋겠는지 물어보았는가?

고객이 요약본을 원하고 있나? 회사소개서를 원하나? 자세한 내용을 원하나? 요점 정리를 원하나? 제안서에 부록으로 기술 지원 자료를 포함해야 하나?

우리는 자주 고객이 무엇을 원하는지를 추측하려고 하고, 제안서 작성 스킬이 모든 고객에게 칭찬받을 만한 것이라고 지레짐작하기도 한다.

❸ 또 어떤 다른 사람이 제안서를 보게 되는가?

제안서를 쓰기 전에 그들 입맛에 맞게 제안서를 작성하기 위해 결정 촉매자들과 먼저 대화할 수 있는 길이 있나? 그들은 무엇을 원하는 걸까? 그들은 당신 편일까, 아닐까? 그들에게 뭔가 다른 것을 보여주기 위해 따로 제안서를 작성해야 할까? 아니면 같은 내용을 좀 다르게 정리해서 보여주어야 할까?

당신 제안서를 읽는 사람은 저마다 의견을 낼 것이다. 사람들이 당신의 판매에 영향을 미칠지도 모른다는 것이다. 요약하면 이렇다.

- 당신의 제안을 고객이 심각하고 진지하게 고려하고 있는지 물어보라.
- 고객이 보고 싶은 형식과 방향으로 제안서를 작성하라.
- 제안서를 읽을 모든 사람이 공감할 만한 요소가 담기도록 작성하라.

결론은 제안서를 읽고 싶어 하는 고객을 위해 제안서를 작성해야 한다.

skill of sales 41

꼭 신경 써야 할 유형의 고객

우리는 구매 결정을 내릴 사람은 결국 한 사람이라는 사실을 잘 안다. 보통은 의사결정자라고 부른다. 그런데 그의 결정에 영향을 끼치는 사람이 있다. 이들을 가리켜 나는 '결정 촉매자'라고 부른다.

어떤 화학물질에 촉매제를 넣으면 재미있는 현상이 발생한다. 다른 화학물질들과 반응이 일어나는 것이다. 마찬가지로 결정 촉매자는 당신의 판매에 영향을 미친다.

어떤 촉매자들은 긍정적이고, 어떤 촉매자들은 부정적이다. 긍정적 촉매자는 당신 제안에서 무엇인가 얻을 게 있어서 당신을 지지한다. 결과적으로 판매를 도와준다. 그들을 옆에 두어야 한다. 반대로 부정적 촉매자는 당신을 반대한다. 그들은 당신의 경쟁사를 더 좋아하거나 자금을 쓰고 싶어 하지 않거나, 아니면 아예 아무 변화도 바라지 않는다. 그들은 망가지지 않았으면 고칠 필요가 없다는 전제하에 당신의 판매를 저지한다. 이를 염두에 두고 당신의 대형 고객사 한 곳과 재미있는 테스트를 해보도록 하자.

- **테스트 1 :** 의사결정자가 누구인지 다음 자가 질문으로 밝혀낸다. '예'라는 대답이 여기서는 구매 결정권이다.

  누가 나의 제안에 예라고 대답할 수 있을까?

- **테스트 2 :** 이제 어려운 부분이다. 의사결정에 영향을 끼칠 수 있는 모든 사람의 이름을 알아내 보라. 만약 이름이 어렵다면 직함이라도 알아내 보라. 그리고 다음의 자가 질문을 해보라.

  누가 촉매제 역할일까? 누가 판매에 긍정적이거나 부정적인 영향을 끼칠 수 있을까?

- **테스트 3 :** 이제 당신이 가진 인명 리스트(결정자 한 명과 여러 명의 촉매자들)를 보고, 당신이 연락을 취했고 당신의 판매에 긍정적인 영향을 줄 사람 이름 옆에 표시를 해보라. 나머지 사람들(연락하지 않았거나 판매에 부정적인 영향을 줄 사람들)을 놓고 다음 자가 질문에 답해보라.

  내가 가진 시간을 활용해 이 중 누구에게 연락을 취해야 할까? 내 편에 두어야 하는 사람은 누구일까?

- **테스트 4 :** 이제 당신은 리스트를 가지고 어떤 행동을 취하겠는가? 긍정적 촉매자들과 어떻게 관계를 맺어 당신을 돕도록 하겠는가? 부정적 촉매자들을 어떻게 중화하여 당신을 저지하지 못 하게 하겠는가?

결정 촉매자를 무시하지 말아야 한다. 그들은 부정적이든 긍정적이든 당신 판매에 영향력을 행사한다.

skill of sales 42

회사마다 사내 정치가 존재한다

판매에서는 정치가 고객의 구매에 큰 영향을 끼칠 수 있다. 내가 비영리단체에 작은 복사기를 판매할 때였다. 구매 촉매자 중 한 명이 우리 복사기 보다 저가의 공급자를 찾으며 자신의 절약정신을 보여주고 있었다. 또 다른 구매 촉매자도 제품 구매에 영향을 미치려 했다. 그 결과 두 사람은 미팅 때마다 마찰을 빚었다. 마지막으로 또 다른 구매 촉매자는 우리 회사의 기부에 관심이 많았다. 그들은 마지막 날까지 복사기가 무엇을 하는 물건인가에는 관심이 없고, 결국 판매는 그 단체의 고위층과 우리 회사 부서장과 친분으로 인해 거래가 이루어졌다. 그 단체의 전무이사가 우리 회사 부서장과 친구사이였다.

부서장 비서가 나에게 전화해서는 가격을 최저선 밑으로 떨어뜨려달라고 하였다. 나는 판매 계약에 사인한 전무이사 얼굴은 한 번도 보지 못했다. 구매 촉매자 세 명도 전무이사 결정을 그리 심각하게 생각하지 않았다. 오히려 나에게 원래 그런 식으로 자주 결정이 난다고 말하였다. 그러니까 세 사람은 처음부터 구매 문제를 심각하게 고민하지 않은 것이다.

이렇듯 사내 정치는 어디서든 일어나는 일이다. 사내 정치를 판매에 긍정적인 요소로 활용할 것인가는 당신의 선택에 달려 있다. 정치는 당신을 돕기도 하고 방해하기도 한다. 정치는 판매에 항상 끼어 있는 요소다.

skill of sales 43

고객의 안전지대를 불편하게 만들라

"우리는 현재 좋은 상태입니다. 당분간 특별한 변화가 있을 것 같지는 않아요."

사람은 편안한 안전지대에 머물기를 좋아한다. 이는 인간의 본능이다. 많은 것이 바뀔수록 사람들은 바뀌지 않은 몇 가지를 더욱 부여잡는다. 그래서 불행하게도, 당신 고객이 얼마나 깊이 안전지대에 정착했는지가 판매에 주요 장해물이 될 수 있다. 당신이 최대의 문제점을 발견하는 순간 당신 고객은 안전지대에서 위험을 감지한다.

중요한 것부터 이야기해보자. 안전지대를 바꾸는 것은 바로 당신 일이다. 왜냐하면 그 안의 사람들은 스스로 변화를 주기 싫어하기 때문이다. 사실 당신이 고객의 안전지대를 성공적으로 바꿔준다면 고객은 당신에게 감사하게 될 것이다. 너무 깊이 안전지대에 머물면 안주하게 되고, 안주는 곧 낙오나 실직으로 이어지기 때문이다.

이것은 큰 문제다. 그런 의미에서 영업사원은 변화의 요원이기도 하다. 다른 말로 하면, 모든 판매는 고객을 안전지대에서 떠나게 해준다. 기억하라. 당신 일은 '고객의 안전지대와 상대하여 그곳을 불편하게 만드는 것'이라는 점을 말이다. 이를 위한 방법은 다음과 같다.

- 고객의 안전지대는 비즈니스에 위협이 된다고 설득하는 것이다. 예를 들어 현재는 고객사의 음성메일 시스템이 잘 작동되고 있지만, 회사의 성장이 시스템의 역량을 넘어설 것이라는 사실을 증명해 보여서 고객의 안전지대에 금이 가게 하는 것이다. 새 시스템을 설치하는 동안 비즈니스에 지장이 있겠지만, 음성메일이 넘쳐서 생기는 재앙에 비하면 아무것도 아니라고 생각하게 될 것이다.
- 당신이 제안하는 변화는 사실상 고객의 안전지대를 넓혀주는 것이라고 설득하는 것이다. 메모리나 보안 업그레이드가 더 나은 시스템을 만들어주고, 앞으로 일어날 수 있는 재앙의 확률을 낮춰줄 것이라는 점을 증명해 보여주는 것이다.

skill of sales 44

고객에게 문제를 느끼게 하라

한 가지 흥미로운 사실이 있다. 고객을 대상으로 구매동기를 파악하기 위해 실시한 설문조사 결과다. "어느 시점에서 구매의사를 결정하십니까?" 하고 질문했더니 많은 고객이 이렇게 답했다.

"문제를 해결하려고 아무것도 하지 않을 때 비용이 문제를 해결하는 비용보다 더 클 때입니다."

많은 고객이 문제는 많은데 자원은 제한되어 있기 때문에 갈등한다. 천장에 구멍이 나고, 난로는 고장 나고, 창문에서는 비가 새는데 집을 고치기 위해 당장 쓸 수 있는 비용으로는 한 가지만 고칠 수밖에 없는 그런 상황인 것이다. 어떤 문제를 고쳐야 할까?

요약해보면 문제는 많고, 자원은 제한되어 있고, 변화는 빠른 세상에서 고객들은 언제, 어떻게, 설루션에 투자할지 신중하게 결정해야 한다. 그들은 언제나 가격 대비 최대 효과를 찾는다. 이 의미는 당신이 해결해 줄 수 있는 문제 외에도 고객에게는 신경 써야 할, 더 비싸고 더 압박을 주는 여러 가지 문제가 있을 수 있다는 것이다. 이때 당신은 무엇을 할 수 있을까?

당신의 설루션이 해결해 줄 문제의 비용을 알기 위해서 당신은 질문할 것이다. 그리고 문제에 합당한 가격표를 붙이는 데 성공한다면, 당신의 고객은 설루션의 비용을 지불할 가치가 있다고 생각할 것이다.

주택 이야기를 예로 들어보자. 만약 당신이 지붕을 판매하는 영업사원이라면, 누수와 부식 같은 수리 비용을 고려할 것이다. 구멍을 통해 집으로 밀려들어올 먼지와 빗물의 영향과 내재 위험성을 고려할 것이다. 당신은 심지어 집 안에 동물이 들어가 집을 난장판으로 만드는 비용에, 동물을 쫓아내는 비용까지 논할 수도 있다. 당신이 이렇게 구멍의 크기와 비용을 분석하고 나면 고객은 그것을 바탕으로 지붕을 고칠 필요성을 느끼기 시작할 것이다.

판매의 비밀은 바로 고객에게 묻는 당신 질문에 있다. 요점은 고객에게 던지는 질문으로 고객이 자신에게 있는 문제의 크기와 실제 비용을 생각하고 이야기하게 만드는 것이다. 비싼 문제를 안고 있는 고객이라면 고치려고 할 것이기 때문이다.

skill of sales 45

고객을 손해보게 하지마라

"더 이상 여기에서 시간 낭비하지 마세요. 우리는 당신 회사와 비즈니스를 하지 않겠습니다!"

야구와 재판은 한 가지 유사성이 있다. 결과를 '승'이나 '패'로 규정한다는 것이다. 이와는 대조적으로 영업은 '윈—윈' 파트너십이다. 각 파트너는 계약에서 모종의 것을 얻어낸다. 결과적으로 양쪽 모두 승리한다. 공급자는 판매한 제품이나 서비스 대금을 받아서 이기고, 고객은 구매한 제품이나 서비스로 이익을 봄으로써 이기는 것이다.

영업은 판매 계약이 성사된 후에도 야구의 경쟁 상대팀이나 재판의 피고 원고와 달리, 양쪽 모두 지속적으로 윈—윈 관계를 유지한다. 이는 서로 관계 속에서 상호 이익을 얻을 수 있다는 가정 하에 이루어진다. 공급자는 수익을 계속 낼 수 있어야 하고, 고객은 만족할 만한 서비스를 지속적으로 공급받아야 한다.

주고받는 형식의 이러한 파트너십은 결혼과도 같다. 만약 고객이 손해를 보게 되면 장기적으로 당신에게도 손해다. 예를 들어 당신이 서비스에 현실적이지 못한 약속을 했다고 하자. 경쟁사를 이기기 위해 한동안 당신은 커미션을 받고, 고객은 그에 상응하는 이익을 얻을 것이다. 하지만 고객이 속았다는 사실을 알아채면(손해를 보는 계약) 그 순간 둘의 관계는 지옥에서 온 결혼이 된다. 불만, 비추천, 비소개 그리고 놓쳐버린 비즈니스 기회 등. 당신과 당신 회사는 얻는 것보다 잃는 것이 더 많아질 것이다.

어떤 사람들은 이런 일이 실제로는 일어나지 않는다고 말한다. 비즈니스를 위해서는 무슨 일이든 할 수 있다는 것이다. 설사 그것이 고객에게 손해로 돌아간다고 해도 말이다. 이런 생각이 아직도 많이 퍼져 있는 이유는 눈에 보이는 성과를 계산하는 것이 손해를 계산하는 것보다 훨씬 쉽기 때문이다. 그렇기 때문에 잘못된 선택을 하는 회사들이 있는 것이다.

나의 조언은 고객이 손해를 보면 판매자도 손해를 본다는 사실을 알아야 한다. 당신과 당신 회사를 위해 올바른 판단을 해야 한다. 양쪽 다 이길 방법을 찾고 '경멸하는 고객만큼 무서운 것은 없다'는 말을 잊지 말기를 바란다.

skill of sales 46

고객이 거절하는 숨은 이유를 찾아라

고객의 반대는 좌절감과 실망감을 안겨준다. 판매에서 가장 중요한 순간, 바로 마지막 순간의 반대는 더욱 그렇다. 하지만 반대는 거절과 같은 것이 아니다. 내 경험상 거절하는 고객은 보통 "죄송하지만 내년으로 구매를 미루기로 했습니다"와 같은 음성메일을 남기거나, 아니면 "감사하지만 됐어요"와 같은 이메일을 남기고는 그걸로 끝을 낸다.

고객이 거절도 하지 않고 승낙도 하지 않는다면 그것은 멈추라고 말하는 것이다. 고객은 제품이나 서비스를 결정할 때 잠재된 위험성을 따진다. 그때가 실제로 돈을 지불하고 구매할 시기기 때문이다. 바로 구매 위험성을 감수해야 하기 때문이다. 판매 과정에서 이야기를 할 때나, 회사 내부에 접근할 권한을 줄 때나, 초기 제안을 검토할 때는 아직 무료라 반대하지 않는다. 판매를 위한 당신의 길고 힘든 노력에 비용을 지불하지 않을 때는 말이다. 그러다가 당신이 주문을 권하는 순간, 모든 것이 바뀐다. 당신과 당신 제안에 큼지막한 가격표가 붙게 되고, 고객은 비용은 위험과 같다고 생각한다. 고객은 자신에게 이렇게 물어본다.

"이 변화로 생기는 이익이 감수해야 할 위험보다 더 큰가?"

이것은 마치 도박에서 다음 카드를 보려고 베팅을 할지 말지 고민하는 모습과도 같다. 이때 고객은 정지 사인을 내걸게 된다. 그들이 감수해야 할 위험이 가치가 있는지 확인해야 하기 때문이다. 그렇기 때문에 반대를 거절이라고 생각하지 말고 오히려 질문이라고 생각해야 한다. 위험과 이익을 묻는 질문 말이다.

어떤 경우에 이 반대(질문)는 잊어버린 정보일 수도 있고(제품의 제원), 또 어떤 경우에는 당신이 명확하게 정리해 주어야 할 오해일 수도 있고(서비스), 또 어떤 경우에는 연막작전일 수도 있다. 꼭 그런 것은 아니지만, 어떤 고객은 정말 거절하고 싶은 이유를 솔직하게 말하지 않고 당신을 떼놓기 위해 다른 이유를 대기도 한다. 예를 들어 제품이 너무 비싸다고 이야기하는 고객은 속으로는 서비스가 형편없다고 생각할지도 모른다.

고객의 반대 혹은 질문이 비이성적이고 판매와 상관없는 내용일 수도 있고, 예전에 한 논쟁의 재탕이기도 있다. 고객은 자신에게 위험한 판매 과정의 어느 순간에 놓이게 되면 그렇게 비이성적으로 나오기도 한다. 어쨌든 당신 성공은 당신 응답의 속도로 좌우되는 것이 아니라 진짜 문제를 해석하는 당신의 이해 정도로 결정되는 것이다.

정말로 문제가 있는가? 오해는 아닌가? 질문이 다른 문제를 감추고 있는 연막작전인가? 아니면 고객이 비이성적인 두려움을 표현하고 있는 것인가? 등등 일일이 반응하지 말고, 흥분하지도 말고, 짐작하지도 말고, 멈추고 들으면 된다. 그리고 고객 두려움이나 걱정을 인지하라. 그리고 가장 중요한 것은 반대하는 진짜 이유를 찾아내는 것이다.

고객 : 생각해 볼게요.

당신 : 고려하셔야 할 것이 많은 줄 잘 알고 있습니다. 제가 도와드리죠. 결정을 내리는 데 고려하셔야 할 사항은 어떤 것들입니까?

여기서 고객 관점을 고려해보라. 당신은 당신의 고민을 정말로 이해하지 못하고 당신의 반대를 무시하려고만 하는 영업사원과 거래를 하겠는가? 영업사원이 당신에게 대답할 때 긴장한다면 걱정이 안 되겠는가? 조용하고 정돈된 영업사원이 시간을 들여 당신의 진짜 문제를 이해하고 해결해 주려고 한다면 그와 거래를 하지 않겠는가? 중요한 것은 이것이다. 반대에 대처하는 비밀은 상대를 먼저 이해하고 난 다음에 응답하는 것이다.

skill of sales 47

마무리는 작은 확답들을 통해야 한다

왜 영업사원은 판매를 마무리할 시점에 다다르면 예민해질까? 그럴 수밖에 없다. 그동안 노력이 얼마나 가치 있는지 결정하는 순간이기 때문이다. 최후의 승낙을 받을 것인가, 최후의 거절을 받을 것인가 말이다.

그런데 왜 우리는 마지막 순간을 놓고 승패를 결정짓는 때라고 생각할까? 사실 그렇게 생각하기가 쉽다. 나도 처음 판매를 할 때는 같은 생각을 했다. 바라고, 기다리고, 궁금했다. 최종 결정의 순간이 다가오게 되면 말이다. 하지만 오늘 나는 내 자신에게 묻는다.

'난 그때 무슨 생각을 한 거지? 왜 나는 판매의 결말이 끝까지 남아 있도록 놔두었던 것일까? 판매 중간에 구매 확답을 받을 수도 있고, 그렇게 하면 판매 사이클이 더 쉬워지고 스트레스도 줄었을 텐데 말이다.'

판매 안의 작은 단계들은 판매 과정에서 당신이 얻는 고객의 확답들과 같은 것이다. 판매를 잘 관리한다면 고객에게 최종 확답을 얻어 내는 것은 그렇게 어려운 일이 아닐 것이다. 최종 확답은 판매 과정에서 얻어낸 작은 단위의 확답들이 모여 만들어내는 논리적인 결론이다.

판매 전화에 앞서 당신이 닿고자 하는 작고 관리 가능한 목표를 바탕으로 결과를 예측해보라. 그리고 스스로 이 질문을 던져보라.

'판매 과정을 계속 진행하기 위해 이 전화 끝에서 나는 어떤 수준의 확답을 받아내야 하는가?'

- 두 번째 약속을 원하는가?
- 특징이나 이익을 다시 설명해 주기를 원하는가?
- 제안을 제출하는 데 동의를 받아내고 싶은가?

그것들을 생각하면서 전화 마지막에 '당신의 예상은 옆으로 밀쳐 두고', 크게 숨을 들이쉰 다음, 확답을 이끌어 내는 질문을 던져보라. 예시는 다음과 같다.

"다음은 어떻게 하시겠습니까?"

"이제 ○○을 계속 진행할까요?"

"○○에 동의하세요?"

"고객님 시간과 자원을 ○○에 투자할 준비가 되셨나요?"

"이제 제안서를 봐야 할 시간인가요?"

"우리 제안을 한번 테스트해보실 생각이 있으세요?"

"이 시점에서 얼마나 확신하십니까?"

"금년 예산으로 가능하십니까?"

이러한 질문은 대화를 마무리 짓는 것이어야 한다. 당신이 판매 과정 어느 시점에 서 있는지 생각하며 이와 같은 작은 단계를 잘 활용하면, 판매의 마지막 결말에 가서는 처음에 계획한 대로 성사될 것이다. 고객은 이러한 질문을 기대할 것이고, 당신은 질문에 맞는 답을 모두 알고 있을 테니까 말이다.

skill of sales 48

매핑기술을 활용하라

얼마나 많은 판매 기회를 존재하는지도 모르는 경쟁업체에 뺏겼는가? 얼마나 많은 결정이 고객사 제안서 검토 때문에 미루어졌나? 얼마나 많은 순간 고객이 당신을 바라보며 "제안은 괜찮아 보이지만 올해에는 어려울 것 같습니다" 하고 말을 했나?

위의 세 가지 경우 모두 제가 매핑기술art of mapping을 터득하기 전에 나에게 빈번하게 일어났던 일들이다. 매핑기술은 나의 판매 커리어에 큰 영향을 끼쳤으며, 지금은 다양한 산업에서 일하는 수많은 성공적인 영업사원도 이 기술을 사용하고 있다.

매핑 콘셉트는 간단하다. 당신이 가족모임에 참석하려고 운전한다고 가정해보자. 당신은 A 장소에서 B 장소로 움직이려고 하는데 길을 모른다. 그냥 무작정 운전하고 보겠는가? 운을 믿고 그냥 아무 곳으로나 운전해도 괜찮겠는가? 아니다. 지도를 봐야 한다.

우리는 최근 들어 결정 과정이 얼마나 복잡한지 잘 안다. 심지어 고객사조차 자기 회사 내에서 어떻게 구매 승인을 받아야 하는지 모를 때도 있다. 그래서 결정 지도decision map가 필요하다.

지도에서 A 장소는 초기 전화고, B 장소는 주문 서류의 서명이라고 할 때, 지도를 보지 않으면 가는 중간에 수많은 우회로와 막다른 길에 다다르게 되고 핸들을 잘못 꺾게 되기도 한다. 나도 그랬다. 길고 어려운 세일즈 여행을 고객의 결정 과정 지도 없이 시작했고, 결국 어느 시점에서 방향을 잘못 틀어서 완전히 길을 잃어버렸다. 용기가 조금 필요한 일이지만, 당신의 질문에 다음 매핑 질문들을 추가해보라.

"이 일에 결정이 어떻게 내려질지 설명해 주시겠어요?"

"어떤 과정을 거치셔야 하나요?"

"누가 관련이 되나요?"

"제안서를 검토하시고 나면, 다음 단계는 무엇인가요?"

"귀사의 결정 과정은 어떻게 됩니까?"

"결정 과정은 얼마나 걸리겠습니까?"

"언제쯤 최종 설루션을 설치하길 원하세요?"

"옵션을 검토하는 데 얼마나 걸리겠습니까?"

"제가 판매를 하는 데 어떤 걸림돌이 있을까요?"

"이번 판매에 뭔가 급한 부분이 있습니까?"

위의 질문에 해당하는 답이 당신의 지도를 그려줄 것이다. 한 단계씩 앞으로 나아갈 때마다 지도를 꺼내서 다음 질문을 확인해 보라.

- 제대로 진행하고 있는가?
- 로드맵이 바뀌지는 않았는가?
- 내가 알아야 할 고객사 내의 변화가 있었는가?
- 최종 결정 예상 시기는 여전히 다음 달이 맞는가?

매핑에는 흥미로운 혜택이 있다. 고객에게 지도를 그려 고객이 그 과정을 이끌게 한다면 당신의 최종 마무리에 압박이 덜어지지 않을까? 당신이 깜짝 놀랄 일은 없을 것이다. 고객 지도에 당신의 설루션을 구매하는 결정 시점이 정확히 표시되어 있을 테니까 말이다. 길고 어려운 세일즈 여행 중이라면 고객 지도를 사용해 도착점으로 향하면 된다.

skill of sales 49

고객에게 강요하지 마라

어느 업계나 전설적인 영업사원이 있다. 그들 대부분은 같은 판매 기술이 있다. 바로 마무리 판매다. 내가 좋아하는 이야기 중 하나는 공격적이고 거친 마무리로 유명한 영업사원 이야기다. 나는 그 전설을 '펜 마무리pen close'라고 부르는데, 이런 식이다.

그는 고객 사무실 앞에 예고 없이 나타나 재빨리 판매 계약서를 만들고 금색의 펜을 준비해서 고객 책상 위에 놓는다. 고객이 구매를 거절할 때는 펜을 집어 서명란에 가까이 대보인다. 그의 위협적인 태도와 "제가 잘못해드릴 것 같냐"라는 자신감이 더해져 결국 지친 고객을 이긴다.

이 이야기는 요즘 성공적인 영업사원이 하는 행위에 완전히 역행한다. 이 영업사원은 고객에게 제대로 팔지도 않았고, 고객과 관계를 맺지도 않았다. 이 이야기는 한마디로 고객을 협박해서 어떻게든 빨리 그리고 쉽게 계약을 따내는지 보여주는 내용일 뿐이다.

이런 일이 실제로 일어날까? 그럴 수도 있고 아닐 수도 있다. 하지만 허구다. 여러 해 동안 입에서 입으로 전해지면서 살이 붙은 이야기다. 강압적인 판매 기술은 오래전 유행했는데, 이런 기술을 이용해서 계약을 따내는 영업사원에 관한 전설이 아주 많다. 이런 의문이 생긴다. 도대체 어떤 고객이 그런 협박에 넘어가는 것일까? 고객은 다음과 같은 상황에 놓이면 압력에 못 이겨 승낙하게 된다.

- 딱히 선택의 여지가 없다.
- 리스크가 크지 않다(저가이면서 회사 운영에 미치는 영향이 미미하다).
- 리스크를 인지하지 못하고 있다(겉으로 보기에 문제가 없어 보인다).

하지만 오늘날 고객에게는 많은 옵션이 있다. 게다가 교육을 많이 받았다. 또한 그들은 한정적인 예산을 가지고 있다. 그들은 몇몇 사람이 아닌 회사 전반에 걸쳐 영향을 끼칠 전략적인 결정들을 만든다. 요약하면 그들은 선택의 폭이 넓고, 현명하며, 결정에 많은 리스크가 있다. 우리의 전설적인 '펜 마무리' 영업사원이 이와 같은 환경에서도 과연 성과를 거둘 수 있을까?

그런데 놀랍게도 아직까지도 이런 강압적 방법을 사용하는 영업사원이 존재한다. 그들은 대부분 고객이 계약에 관해 동의를 이끌어낼 준비가 안 되어 있을 때 대안으로 이런 방법을 사용한다. 하지만 좋지 않다. 고객이 계약을 하지 않으려고 버티는 근본 이유가 바로 강압적인 판매 방법이 될 수 있기 때문이다.

마무리는 비교적 쉬운 것이어야 한다. 그러나 때로는 어려운 질문도 해야만 한다. 하지만 질문에 맞는 답은 자연스럽고 예측이 가능해야 한다. 당신은 각종 문제를 처리해보고 모든 리스크를 파악하고 있기 때문이다. 마무리를 잘하는 영업사원은 설득력이 있지만 강압성은 찾아볼 수 없다. 마무리도 한 번으로 족하다. 가볍게 판매를 마무리하기 때문이다.

다른 각도에서 보자. 당신이 고객과 강한 관계를 만들려고 열심히 노력해왔다면, 계약의 마지막 단계에서 당신이 강압적인 방법을 쓸 때 고객이 당신을 우습게 보지 않겠는가? 재빨리 계약하려는 당신 모습을 보면서 당신이 처음부터 자신 문제에 진지했는지 다시 한번 생각하게 될 것이다. 그러므로 단기적인 승리를 위해 강압적으로 계약을 마무리 짓지 마라. 고객이 반대한다면 문제가 무엇인지 알아내고, 문제 해결을 약속한 다음 마무리 지어야 한다. 혹시 강압적으로 나가고 싶다는 충동이 들면 '펜 마무리' 영업사원 이야기를 기억하고, 당신이 바로 그 이야기 속 고객이라고 상상해보도록 하라. 펜이 당신 책상 위로 떨어지는 그림을 상상하면서 당신이 마지막 결정을 할 때 다음과 같은 질문을 당신에게 던져보라.

"구매 리스크보다 구매 혜택이 더 큽니까?"

skill of sales 50

계약은 저절로 진행되지는 않는다

작은 확답들과 매핑이 판매 과정에서 필수적이라고 해도, 판매라는 목표를 향해 꾸준히 움직이지 않는다면 소용이 없다. 과정을 진행하는 것은 당신 몫이다. 우리는 지금 영업사원 스스로 판매를 진행할 책임이 있다는 중요한 사실을 이야기하고 있다.

고객을 방문했을 때 향후 과정을 진행할 만한 확답이나 동의를 받지 못한 적이 있는가? 아마 당신은 고객과 맺은 관계가 매우 좋은 나머지 과정을 진행하는 것은 기본적이고 상호적인 것이라고 느꼈을지도 모른다. 아니면 당신이 고개를 끄덕거리며 "전화드릴게요" 하는 말만 했을지도 모른다.

이런 모호한 결말을 피하기 위해 저는 판매 대화가 끝날 때쯤 어떤 정신 상태에 도달하는 법을 배웠다. 나는 그것을 '누가 공을 가지고 있는가?'라고 부른다. 이젠 미팅이나 전화 통화가 끝나갈 때마다 내 머릿속에서 본능적으로 떠오르게 된 질문이다.

고객에게 공이 있다면, 즉 다음 단계가 고객의 코트에서 벌어지게 된다면, 당신은 판매에 컨트롤을 잃은 것이다. 이렇게 되면 더 이상 고객에게서 작은 확답을 받아내면서 결정 지도를 따라 여행할 수 없다. 고객이 진행하는 여행이 되어버렸으니까 말이다.

예를 들어 고객이 “전화드리겠습니다” 하고 말하면 당신은 아무런 동의나 확답을 얻지 못한 상태가 되어버린다. 성과가 낮은 영업사원이 한 주가 시작되는 시점에서 일정표가 텅 비어 있는 것이 이러한 질병의 증상이다. 잡을 약속도 전화도 없다는 것은 공이 영업사원의 코트에 없다는 사실을 보여주는 것이다. 영업사원의 시간은 기다림과 반응의 연속이 되어버리고, 신경이 끊어질 듯한 스트레스와 함께 소중한 시간과 에너지를 낭비하게 될 것이다. 그럴땐 당신의 잠재의식에 ‘나는 대화가 끝날 때마다 공을 가지고 있어야 한다. 나는 대화가 끝날 때마다 공을 가지고 있어야 한다. 나는 대화가 끝날 때마다 공을 가지고 있어야 한다’라는 메시지를 심어 줘라.

- **예시 1 :** 최초 제안에서 대화를 마무리할 때가 되면 논리적인 다음 단계를 생각한다. 당신이 내용을 정리할 동안 고객이 다음과 같이 이야기하며 공을 잡는다.

“제안에 대해 제 매니저와 이야기를 해봐야겠습니다.”

이때 "알겠습니다. 좋은 하루 보내세요" 하고 말하면 안 된다. 당신이 해야 할 응답은 "좋습니다! 이번 주가 끝날 때쯤 만나서 이야기가 어떻게 되었는지 들어볼까요" 또는 "제가 직접 매니저에게 제안서를 제출하도록 할게요. 제가 연락해 보겠습니다" 또는 "금요일 아침에 전화하겠습니다. 그때 매니저의 검토 의견을 토대로 제안서를 고쳐보도록 하시죠"와 같은 것이어야 한다. 그러면 당신이 공을 가지게 된다. 다음 단계에 확답도 받고, 판매 과정 또한 앞으로 나아갈 수 있게 된다.

- **예시 2 :** 당신의 고객이 "검토한 후 다음 주에 알려드리겠습니다" 하면 당신은 "알겠습니다. 전화 기다리겠습니다" 하고 답하기 쉽다. 그런데 이때 어떻게든 진행해야 한다는 생각으로 다음과 같이 이야기해야 한다.

"좋습니다! 화요일에 팩스를 넣어주시고 오후 4시 30분쯤 수치를 검토한 후 다음 단계를 고려해보도록 하지요. 전화드릴게요."

위의 예시처럼 당신의 스트레스를 낮추고 판매 사이클을 단축하고 싶다면 공을 당신의 코트 안에서 유지하도록 해야한다.

영업은 고객의 신뢰를 얻어내고,

고객이 무엇을 필요로 하는지를 확인하는 여정이다.

—존 맥티어

PART 3

성과를 향상시키는 영업의 기술

skill of sales 51

영업이란 자전거 타기와 같다

영업하는 사람들은 술수를 쓰고 공격적이며 정직하지 못하고 말 빠른 사기꾼이라는 이야기는 사실일까? 그렇다, 그런 사람도 있다. 하지만 술수를 써야 성공한다는 증거는 어디에도 없다. 불쾌하거나 정직하지 못한 태도가 판매에 유리하게 작용한다는 연구 결과는 어디에도 나와 있지 않다. 대신 영업사원들이 다음과 같은 자질을 배웠을 때 가장 성공적이라는 사실을 보여주는 증거는 많다.

- 연구하고, 계획을 세우고, 체계화하기
- 상대방의 관심 끌기
- 사람을 이해하고 영향력 확대하기
- 비즈니스 이슈 이해하기
- 숨겨진 비즈니스의 니즈를 파악하거나 새롭게 만들어 내기

- 경쟁업체와 차별화하기
- 실천에 옮기기
- 지속적인 관계 만들기

이런 자질이 당신 삶에 어떤 영향을 미칠지 상상해보라. 나는 크게 성공한 사업가들에게서 흥미로운 특징 한 가지를 발견했다. 거의 모두 영업사원으로 일한 경력이 있다는 사실이다. 그리고 특이하게도 대부분은 영업사원이 된 이유가 결코 자신이 선택하거나 원했던 게 아니라고 말한다. 영업 자체와 영업사원에 느끼는 부정적 이미지가 두려워 첫 출근이 두려울 정도였다고 한다. 하지만 영업을 하면서 얻게 된 교훈이 일과 삶의 거의 모든 면에서 자신이 남들보다 더 빨리 성장하고 성공하게 해주었다고 고백한다. 서로 다른 힘들고 도전적인 상황에서 온갖 종류의 사람과 일하는 데 도움이 되었다고 말이다.

영업에서 얻은 교훈이 오늘날까지 성공한 사업가들의 하루하루를 이끌어주고 있는 것이다. 이 흥미로운 사실을 한번 곰곰이 생각해 보기 바란다.

skill of sales 52

모든 결과는 시간이 필요하다

나는 긴 시간 동안 열심히 일하는 사람에게서 '야, 저렇게 일에 전념하는구나. 저렇게 하면 성공하겠지'라고 생각하며 강한 인상을 받을 때가 있다. 하지만 시간이 지나면서 그들 중 일부가 스트레스를 받으며 오랜 시간 일을 하는데도 결과는 썩 좋지 않은 것을 보게 되었다. 애를 쓰는데도 결실을 거두지 못하면 얼마 안 가 좌절감에 휩싸인다.

과도하게 오랜 시간을 일하는 데도 목표를 달성하지 못하는 영업사원이 대개 그런 일을 겪는다. 길고 생산성 없는 하루가 끝날 때마다 얼굴에는 스트레스가 가득하다. 표정 뒤에 '내가 뭘 잘못하고 있는 거지? 열심히 일하는 데 왜 아직 목표에 도달하지 못할까? 언제쯤 일이 쉬워질까'라는 생각이 숨어 있지 않을까 싶기도 하다.

만약 당신도 비슷한 생각이라면, 절대 노력만으로는 좋은 성과를 내지 못한다는 사실을 알아야 한다. 똑똑하게 일하고 열심히 계획을 짜야 한다. 다른 말로 '시간/결과 전략'이라고 할 수 있다. 시간/결과 전략은 간단히 말해서 다음 두 가지를 고려하는 계획이다.

1 당신이 가진 총 시간

2 당신이 그 시간 동안 이룰 수 있는 결과

핵심은 시간을 활용해서 원하는 결과를 얻어야 하고 계획과 전략을 한번 만들었으면 계속 유지하는 일이다. 예를 들어 고객 문제 해결을 위해 하루 한 시간을 할애하기로 했다면, 영업활동 중에는 사소한 고객 문제, 즉 고객 청구서 금액이 잘못되었다는 등의 문제에는 반응하지 말아야 한다. 어차피 그런 문제는 즉시 고치지 못하니 당신이 마련해놓은 고객 문제 해결 시간으로 미루도록 하라. 그리고 계획한 고객 방문을 진행하라. 따지고 보면 고객 방문이 청구서 문제보다 더 중요한 일이다.

또한 계획과 전략을 실행할 때는 조급하지 않게 확신을 갖고 기다리는 태도가 중요하다. 실행을 방해하는 장애물은 셀 수 없이 많다. 갑자기 비가 내린 다던지, 아이 학교 선생님이 상담 요청을 한다거나, 자동차에 문제가 생기기도 있다. '1주일 이상 발바닥이 부르트도록 다녔는데 성과가 전혀 없을 때', '노력한 것에 비해 원하는 만큼 성과가 나오지 않을 때', '오전에 한 계약을 오후에 파기한다고 전화 왔을 때', '명함과 전단지를 수 천 장 뿌렸는데 전화 한 통 없을 때', '자존심 상하는 말을 들었을 때'와 같은 장애물이 앞을 가로막을 수도 있다.

장애물을 만나면 한순간 절망할 수도 있다. 열심히 영업활동을 해도 원하는 결과가 나오지 않으면 무기력증에 걸리게 된다. 그럴 때 "이 정도쯤이야" 하며 포기하지 않아야 좋은 성과를 낼 수 있다. 임계점이라는 게 있다. 물이 끓으려면 섭씨 100도가 되어야 하듯이 세일즈 활동에 결과치가 나오려면 기다림이 있어야 한다.

skill of sales 53

사냥꾼이면서 농부가 되라

내가 처음 영업을 시작했을 때, 나는 최고 실적은 영업 분야 엘리트인 최고 '사냥꾼'이 차지한다고 생각했다. 사냥꾼은 어려움과 위험을 무릅쓰고 경쟁이 치열한 시장에서 경쟁자를 꼼짝 못 하게 만드는 재능 있는 영업사원을 말한다. 나도 꽤 훌륭한 사냥꾼이라고 스스로 생각했다. 성과도 대체로 좋은 편이었다. 하지만 얼마 지나지 않아 고통스러운 롤러코스터 현상이 나를 짓눌렀다. 성과가 높은 시기와 미미하거나 아예 없는 시기가 반복되었다. 다행스럽게도 내게는 균형의 의미를 가르쳐준 훌륭한 멘토가 있었다. 멘토는 사냥꾼으로서도 유능하지만, 많은 시간을 '농사'에 할애하는 영업사원이었다. 나는 처음에는 멘토가 '저분들은 편해서 기존 고객들을 관리하는 걸까? 혹시 새 고객을 찾는 힘들고 중요한 일을 피하는 것은 아닐까?'라고 생각하며 그가 사냥 시간을 낭비하는 줄 알았다.

똑똑한 영업사원은 농부들이 밭을 보살피는 것만큼이나 자주 기존 고객을 방문한다. 그들은 기존 고객을 관리하는 것이 새 고객을 찾는 것보다 시간과 에너지가 덜 든다는 사실을 잘 아는 것이다. 또한 똑똑한 영업사원은 사냥과 농사의 균형을 유지한다. 그들은 특정 시간에 기존 고객을 찾아간다. 그 시간 동안 고객 비즈니스 가운데 알지 못한 부분을 탐색함으로써 연락망을 넓혀가는 것이다. 그리고 현재 비즈니스가 고객 기대치를 충족하게끔 관리한다. 기대치가 충족되면 고객에게 구두나 서면으로 추천을 받아 그것을 회사 내부나 다른 곳에서 영업 기회로 사용한다. 기대치에 이르지 못했을 때는 문제를 해결하기 위해 필요한 리소스를 뽑아내고, 다음날을 기약한다. 이처럼 훌륭한 농부 같은 영업사원은 영업의 맥을 짚으면서 기회가 생길 때마다 잡을 준비가 되어있다.

또한 훌륭한 농부는 먹이를 찾아 헤매지 않는다. 그들은 다만 최고의 싹을 찾아서 건강하게 성장해나갈 수 있도록 영양분을 공급해준다. 약간의 관심과 집중으로 길고 긴 겨울을 날 수 있는 준비를 마치는 것이다. 사냥과 달리 농사에는 추가 보너스가 있다. 바로 낯선 사람들에게서 거부당하는 스트레스를 덜 수 있다는 것이다. 농부는 기분이 좀 저조하다 싶을 때 성공적으로 관계를 맺어온 고객을 찾아간다. 성공한 영업을 기억한다는 것 자체가 기분을 회복하는 좋은 방법이기 때문이다.

skill of sales 54

먼저 자신의 강점을 파악하라

예전에 나는 전략이라는 개념 자체를 도외시했다. 그것이 고객과 미팅할 때나 제품 출시 때만 고개를 쳐드는 신비로운 학문적 규율 정도라고 생각했다. 나는 내가 생각하는 사람이 아닌 행동하는 사람이라고 여겼고, 그래서 영업전략은 다른 사람들에게 맡겨두고 신경 쓰지 않았다. 그러다가 모든 영업사원이 이득을 볼 만한, 군사전략에 관한 흥미로운 사실 하나를 배우게 되었다.

2차 세계대전 당시 맥아더 장군은 전쟁을 대충 치르지 않았다. 그는 늘 전략을 궁리했다. 일본군에 맞서 연합군의 우위를 확보할 전략을 짜냈다. 그의 천재적인 전략을 분석하려면 아찔할 정도로 복잡한 과정을 거쳐야겠지만, 기본적인 전략은 영업사원이 판매에 임하는 그것과 비슷하다. 바로 강점과 약점이다. 밀러 하이먼의 책 『전략적 판매Strategic Selling』에 따르면, 전략이란 곧 당신의 강점을 활용하고 약점을 극복하는 것이다. 지금 당신이 공략하고 있는 고객사를 하나 떠올려보라.

- 그 고객사를 공략할 당신의 강점은 무엇인가?
- 고객사 내부에 당신을 옹호해 줄 사람이 있는가?
- 고객사를 위한 맞춤 설루션이 있는가?
- 좋은 추천은 있는가?
- 고객사와 당신 사이에 좋은 기록이 있는가?
- 시간이 지나다 보니 자연스럽게 고객사를 상대로 잘 판매하게 된 건가?

의외로 우리는 자신의 강점이 무엇인지 특별히 아는 것이 없다. 약점에 많은 시간을 할애하기 때문이다. 또 우리는 강력한 경쟁 상대를 이길 묘수를 강구하거나, 가격에 이의를 최소화하는 데 전념하거나, 지난달 고객서비스 중에 생긴 일시적 장애를 해결하여 고객을 어떻게 안심하게 만들지만 고민한다. 그러면서 강점, 즉 우리를 지금의 자리까지 오게 만들어준 원동력에는 소홀하다.

이제 우수 고객에게 전화해서 당신 제안을 지원해달라고 요청해보자. 당신의 맞춤 설루션이 어떻게 긍정적인 파급효과를 냈는지, 그 요인들을 정리해보라. 고객사에 판매한 설루션 제품이 어떤 비즈니스 결과를 창출해냈는지 보여주는 추천서를 확보하라. 당신과 고객사들 간의 오랜 성공적 관계와 그 관계의 가치를 편지로 쓰라.

서비스 샘플을 고객사에 가져가 안정적인 서비스가 비즈니스에 미치는 영향을 설명하라. 고객사에 꼭 필요한 서비스로 골라서 말이다. 이제 당신이 지닌 강점이 사장되도록 놔두지 말고 지금 그것들을 적극 활용해보자.

skill of sales 55

인식의 차이를 인정하라

다 망가진 듯한 오래된 복사기를 사용하던 고객을 알게 되어 흥분한 적이 있다. 들러서 확인해보니 너무 엉망이어서 복사본을 제대로 읽기가 힘들었다. 복사본이 구식 복사기에서 한 장, 한 장 나올 때마다 나는 커미션 액수를 세고 있었다. 정말 쉬운 판매가 되리라고 생각했다. 이렇게 쉬운 고객이 있다니. 그럼 예전 영업사원은 뭘 본 것이지? 그런데 알고 보니 영업사원이 놓친 게 아니었다. 그들도 역시 저처럼 군침을 흘렸고, 고품질의 새 복사기를 판매하기 위해 상세한 제안을 했다. 고객의 두툼한 파일 속에는 내 것과 이전 영업사원의 제안이 들어갔는데, 그 안에는 지난 2년 동안 그 고객에게 제출한 제안서가 모두 들어 있었다. 그 파일을 봤을 때 나는 절망했지만 중요한 교훈을 얻었다. 내가 만든 제안은 내가 발견한 문제점만 언급하고 있지만, 내가 본 문제점이 고객의 문제점이 아닐 수도 있다.

고객이 "아뇨, 지금은 사지 않겠습니다" 하고 말하는 모습에 당신도 내가 그랬던 것처럼 '이 사람, 지금 제정신이야? 이 복사본을 읽을 수가 없구먼'이라고 생각했을 것이다. 하지만 그것이 고객에게는 별문제가 아니었다. 나쁜 품질은 사소한 불편 정도에 불과한 것이다. 그는 아래층에 다른 복사기를 구비하고 고품질이 필요할 때마다 내려가 복사를 했고, 구식 복사기는 내부 용도로만 가끔 써왔던 것이라 품질 따위는 중요하지 않았다.

중요한 것은 문제를 바라보는 인식의 공유이다. 당신이 생각하기에 최대 문제들, 또는 당신이 해결할 수 있는 고객 사무실 내 문제들, 잘만 하면 고객에게 큰 이득을 안겨줄 수 있는 문제들, 당신을 영웅으로 만들어줄 수 있을 것 같은 문제에 당신의 고객도 생각이 같아야 한다. 고객에게 질문해보자.

"지금 이 복사본 품질은 엉망입니다. 고객님에게 중요한 문제입니까?"

만약 고객 답변이 "아니오"라면 고객 생각을 전환하려 애써보라. 하지만 고객이 상관하지 않는 문제로 제안서를 쓰는 시간을 낭비하지 마라.

skill of sales 56

고객을 승리자가 되게 하라

자신을 향한 관심은 지구상에서 살아남은 모든 사람에게 필수적인 요소다. 훈족의 왕 아틸라든, 테레사 수녀든 마찬가지다. 이런 본능을 지니게 된 책임은 대자연에 있다. 모든 생물은 정해진 양의 자원을 두고 서로 경쟁한다. 그래서 사람도 이기고 싶어 한다. 그렇다면 이것이 판매와는 어떤 관계가 있을까?

모든 인간이 이기기를 원한다면, 그리고 당신 고객이 인간임을 감안한다면, 그래서 당신 제안으로 고객을 승자로 만들어준다면 그들은 적극적으로 구매할 것이다. 당신 과제는 고객을 더 잘 알아가면서 당신 제품이나 서비스를 이기고 싶은 그들의 니즈에 어떻게 적용할 수 있는지 강구하는 것이다. 특이한 점은 이런 부분에서 사람은 제각각 다르며, 같은 상황에서도 다양하고 독특한 방법으로 승리를 쟁취한다는 것이다. 따라서 다른 '개인의 승리'들이 무엇인지 파악하는 것이 그렇게 쉬운 일은 아니다.

예를 들어 당신은 최고의 필기구 영업사원이라고 하자. 당신 필기구는 같은 회사 내에 있는 다음 3명의 고객에게 각자 다른 '승리'가 가능하다고 어필할 수 있는가.

- 고객 1은 스스로 중요한 사람이라 여기고 그렇게 보이고 싶어 한다. 그것이 그의 승리다. 그는 다른 사람들과 차별되는 펜을 원한다. 필기구의 장인 정신, 품질, 그리고 품격을 따진다. 특별한 사람이기를 원하고, 회사 내에서 엘리트에 속하길 바라는 것이다.
- 고객 2는 '가격 대비 성능'에 훨씬 많은 관심이 있다. 그녀는 항상 품질과 가격을 우선한다. 더 중요한 점은 이번의 필기구 구매가 그녀의 상사 앞에서 이루어진다는 것이다. 그녀의 현명한 구매를 상사가 보면 승진이 있을 수도 있을 것이다. 그것은 그녀에게 큰 승리다.
- 고객 3은 필기구를 전혀 신경 쓰지 않는다. 그는 단지 모든 사람이 만족하길 원한다. 그의 승리는 그가 속한 그룹의 의견이다. 다른 사람들이 필기구 구매를 원한다면 그도 원할 것이다.

이와 같이 필기구 하나에도 다양한 개인적 어젠다agenda가 존재한다. 그렇다면 당신은 어떻게 승리를 파악하는가? 이는 결코 쉬운 일은 아니다.

사내 정치의 예를 들어보겠다. 승리를 가져다줄 물건이 하나 있다고 하자. 그런데 직원 대부분이 속을 드러내지 않은 채 망설인다. 이때 "이것을 좋아하긴 합니까?" 또는 "왜 망설이시죠?" 하고 묻는 영업사원을 상상할 수 있는가? 고객들이 대답하지 않을 질문을 할 필요가 없다. 이에 관한 두 가지 메시지가 있다.

1. **고객들을 파악하라.** 만약 당신이 고객들에게 잘 알려져 있다면, 그리고 신뢰를 얻고 있다면, 그들은 경계를 낮출 것이다. 그렇게 되면 당신은 그들을 승리하게 만드는 방법을 알게 될 것이다.
2. **절대로 승리를 잊지 마라.** 사람은 인정하든 안 하든 구매 결정을 할 때 자신의 관심사에 영향을 받는다. 관심사를 파악하여 당신 제품이나 서비스에 적용하는 능력이 당신 성공에 중요한 요소가 될 것이다. 모든 성공은 당신의 고객을 파악하여 승리하는 길을 찾아주는 데 있다.

skill of sales 57

나쁜 고객에게 시간을 허비 하지마라

하루는 매니저가 나에게 "왜 당신은 질 나쁜 고객들과 그렇게 많은 시간을 보내는 거죠?"라고 물었다. 당신도 아는가? 당신에게 절대 만족 못 하고, 솔직하지 않고, 항상 불평하면서 의미 없는 것에 개인적인 관심을 요구하는 고객들. 그들의 기대치는 정말 비현실적이다. 당신이 등이 부서질 정도로 비위를 맞춰도 그들에게는 충분하지 않다. 이런 노력에 어떤 의미가 있을까?

우리는 아직도 가끔은 위와 같은 고객들에게 판매를 포기하는 것 또한 신중하지 못하다고 생각한다. 하지만 사실 그런 고객들은 우리의 고객이 되지 말아야 한다. 잘 맞지 않는 조합인 것이다. 그들의 필요와 기대가 우리가 제공할 수 있는 것들과 맞지 않는 것이다.

예전에 내가 생각만 해도 몸서리쳐지는 결정자가 한 명 있었다. 그녀는 대형 로펌에서 일하는 사람이었는데, 그 로펌은 정말 산더미 같은 서류를 소화할 빠른 복사기가 필요한 곳이었다. 우리에게 딱 맞는 고객이었다. 우리 회사의 기술력으로 충분히 로펌의 필요를 충족할 수 있었다. 그런데 불행하게도, 이 결정자는 오래된 것을 끈질기게 추구하는 스타일이었다. 모르긴 몰라도 그녀는 옛날 타자기와 어울리는 구식 전화기를 장식장에 진열해놓고 그때가 더 좋았다고 회상할 것이다.

로펌은 우리가 필요했지만 그녀는 아니었다. 나는 이 사실을 인식하지 못한 채 복사기를 바꿔야 하는 이유를 그녀와 직원들에게 설명하느라 많은 시간을 보냈다. 절망적인 미팅을 여러 번 가지고 난 6개월 후 나는 욕을 들었고, 비웃음을 샀고, 소리 지르는 것을 들었고, 거의 쫓겨나다시피 했다. 그리고 깨달았다. '잠깐만, 지금 이 상황은 뭐지? 나는 모든 방법을 총동원해서 이 로펌에 도움을 주었는데, 이 사람들은 나를 고통스럽게만 하고 있군!'

결론을 이야기하기 전에 영업사원 이야기를 먼저 하겠다. 그는 "계속하렴. 끈기가 이긴단다. 새로운 아이디어를 생각해 보고 새로운 사람들과 이야기를 나눠보렴. 포기하지 마!"라고 말한다. 평소의 나라면 이런 응원과 충고를 받아들이겠지만, 이번 경우는 아니었다. 사무실 벽에다 '우리는 구매하지 않을 거야. 아무리 시도해 봐라. 절대 안 산다. 끝'이라고 써 붙일 사람들이었으니까. 그러니까 나는 그동안 너무도 많은 시간을 우리 회사가 제공하는 것에 전혀 가치를 매기지 않는 고객에게 허비하고 있던 것이었다.

당신이 이런 상황에 놓이게 된다면, 나쁜 고객의 수렁에 빠졌다면, 벽에 머리는 그만 찧고 이 조언을 따르라.

"그만 전화하세요!"

나쁜 고객을 행복하게 하려고 노력하는 모든 순간은 다른 행복한 고객을 더 행복하게 만드는 시간이 될 수 있다. 모든 사람에게 노력을 기울일 필요는 없다. 이미 행복한 고객을 더 행복하게 만드는 데 더 많은 시간을 할애하라.

skill of sales 58

잘나가는 영업사원은 서비스 중이다

고객 대부분은 구조조정을 한 번씩 겪어봤을 것이다. 감원, 규모 조정, 외주 처리, 권한 위임, 승진 제한, 고통스러운 팀 환경까지 다양한 경험을 겪었을 가능성이 크다.

"이 같은 구조조정을 거치고 나면 맡는 일이 더 늘어납니다."

이 말이 당신에게는 어떤 의미일까? 이 말은 고객이 이전보다 더 많이 당신이 필요하다는 것이다. 그들이 인정하든 안 하든 간에 너무 많은 일에, 너무 많은 변화, 너무 적은 인원, 너무 적은 예산 등. 따라서 고객은 당신 도움이 필요하다. 그래서 전략적 연합, 비즈니스 컨설턴트, 아웃소싱, 파트너십 같은 단어를 자주 사용하는 것이다. 성공적인 영업사원은 서비스의 중요성을 잘 안다. 다시 말하면,

그들은 고객에게 필요한 도움을 준다. 그래서 사무실 주변에서 왔다 갔다 하지 않는다. 그들은 자신의 고객과 함께 머무른다. 그들은 '서비스 중'이기 때문이다.

여기서 서비스란 무엇일까? 여러 가지가 있다. 대부분은 고객과 대화를 나누면서 시간을 보낸다. 고객들의 운영을 배움으로써 그들의 고민거리를 살피고 문제를 예상한다. 고객에게 문제가 생겼을 때 옆에 있거나 문제가 발생하기 전에 옆에서 막아준다. 도움이 되는 보고서, 기대하지 못한 방문, 메일에 답을 해주는 것도 서비스다. 고장이 잦은 제품을 관리하거나 헷갈리는 고지서를 분석해 주는 것, 흥미로운 잡지 기사를 보내주는 것도 서비스다. 빠른 배송이나 커피 한 잔일 수도 있다. 한마디로 고객과 비즈니스에 마음 쓰고 있다는 사실을 보여주는 것이라면 어떤 것도 서비스가 된다. 결과는 열심히 일한 만큼 보상이 따라온다.

내 경험상 고객에게 서비스하면 관계가 돈독해진다. 경쟁이 치열하고 가격에 예민한 시장이라고 해도 돈독한 관계는 고객이 판매회사를 선택하는 데 가장 중요한 이유가 된다. 자신을 위해서 일해주는 사람이 절실하기 때문이다. 요즘은 그런 사람을 찾기가 어렵다. 찾기가 어려운 만큼 기댈 사람을 곁에 두기는 더욱 어렵다. 따라서 고객이 당신을 찾는다면 그것은 당신을 곁에 두고 싶어 한다는 뜻이다. 조금 더 돈을 지불하더라도 말이다.

서비스에 마지막으로 한 가지 덧붙이면, 경쟁이 치열하고 성숙

한 시장에서는 경쟁업체끼리 제공하는 제품과 서비스는 거의 차이를 알아볼 수 없을 정도로 비슷하다는 것이다. 그렇다면 고객은 비슷한 경쟁업체를 놓고 어떻게 선택할까? 선택해야 하는 상황이 오고 제안서가 모두 똑같아 보일 때 고객은 제일 잘 아는 것을 고려하게 된다. 자신에게 가장 익숙한 것, 바로 관계다. 만약 당신이 대처를 잘해왔다면 그 순간 선택받기를 기대할 수 있다. 명심하자. 좋은 영업사원은 말로만 서비스하지 않고 실천한다.

skill of sales 59

자신의 팀을 소중하게 여겨라

어느 날 나는 한 영업사원이 서비스 담당 사원에게 소리를 질러서 주위의 모든 사람을 당황하게 만드는 것을 보고 기겁했던 적이 있다. 이상한 점은 비난을 퍼붓기 직전 그녀가 조용히 전화로 불만족 고객을 달래고 있었다는 사실이다. 그녀 목소리는 공감과 정성, 그리고 기꺼이 도우려는 마음으로 가득 차 있었다. 하지만 수화기를 내려놓음과 동시에 내 귓가에 비명 소리가 들려왔다. 그날 그녀의 '지킬 박사와 하이드' 공연은 그릇된 믿음을 적나라하게 보여주었다. 외부고객을 금처럼 여기되 나머지 사람들은 상관하지 않아도 된다는 유감스러운 믿음 말이다.

그 사건 영향을 생각해 보자. 이유가 무엇이든 간에 서비스 담당 사원은 다른 사원들 앞에서 창피를 당했다. 영업사원 이야기는 퍼질 것이고, 조만간 자신을 따라다니게 될 것이다. 다음번에 그녀의 고객에게 문제가 생기면 누가 해결해 줄까? 지난번에 욕먹은 그 서비스 담당 사원? 천만에 말이다.

요점은 이것이다. 영업사원으로서 우리는 고객을 만족스럽게 하는 일에서 회사 전체에 의존한다. 회사에서는 우리 고객을 돌보는 사람에게 의존한다. 바로 내부 고객들이다. 그들이 없다면 어떻게 되겠는가? 그들이야말로 귀찮고 시간이 촉박한 문제를 해결해 주고, 당신 고객이 문제 해결에 지쳐 음성메일 대신 누군가와 이야기하고 싶어 할 때 그 전화를 받아주며, 당신의 주문서류가 잘못되었을 때 대신 고쳐주는 사람들이다. 그들이 아니면 누가 대신 고쳐줄까? 당신이 보지 못하는 기회를 대신 포착해서 알려주기도 한다. 그들은 당신의 판매를 지원하는 사람이다. 따라서 화를 내뿜은 영업사원은 도움이 필요할 때 서비스 담당 사원을 찾지 못할 것이다. 그 사원은 회사 동료를 최고의 고객처럼 대우하는 다른 영업사원의 고객을 돌보기 위해 뛰어다니고 있을 것이기 때문이다.

skill of sales 60

고객은 자신만의 스타일이 있다

간혹 우수 고객 사무실을 편안하게 방문할 때가 있다. 고객 만족도를 확인하기 위해서라고 하지만, 사실은 승리를 재확인하기 위한 방문이다. 당신의 성취를 다시 느끼기 위해서 말이다. 이것은 좋은 일이다. 그 고객은 이윤이 되는 비즈니스를 하기 쉬운 상대고, 상식적이고, 한눈팔지 않고, 보통 고객보다 2배 이상 더 추천을 해주었다. 얼마 전에는 엄청난 계약을 맺어주어서 당신에게 인정과 존경, 그리고 충분한 보상을 받게 해주었다.

그런데 놀랄 일은 이 고객이 당신을 만나고 싶어 하지 않는다는 사실이다. 전화를 걸어도 잘 받지 않는다. 당신에게 더 이상 관심이 없다는 뜻이다. 무슨 문제가 있는 걸까? 계약을 맺은 지 두 달밖에 되지 않았는데 말이다. 계속 연락을 시도해도 연결이 되지 않는다. 전화 몇 번 이후 절망에 휩싸인 목소리로 당신은 현실을 받아들이게 된다. 당신은 방금 거절을 당하지 않고 거절을 경험한 것이다.

많은 고객이 구매와 판매가 필요악이라고 생각하고 있다. 그들은 영업사원과 잘 어울리며 영업사원의 중요성을 인지하지만, 단지 구매할 때만 그렇게 한다. 이런 고객을 '거래용 고객'이라고 부른다. 그들은 거래를 단지 수치적으로만 계산하며, 그들에게 영업사원은 단지 필요한 제품이나 서비스를 조달하는 존재에 불과하다. 그렇다고 이것을 사적으로 받아들이지 마라. 단지 그들의 구매 스타일일 뿐이다.

간단한 아이디어를 알려주겠다. 고객을 조금씩 알아갈 때쯤, 아니면 관계의 초기 단계에서 일반적인 질문 패턴 대신 다음 질문을 고객에게 해보는 것이다.

"저희와 어떻게 일하고 싶으신가요?"

"판매자와 구매자 관계를 어떻게 생각하십니까?"

"당신의 구매 과정에서 제가 어떤 역할을 하길 바라십니까?"

모든 고객은 이와 같은 질문을 좋아한다. 그런데 정작 묻는 영업사원은 거의 없다. 좀 전의 거래용 고객으로 돌아가 보자. 이런 문제를 사라지게 만들 마법의 약이라도 있으면 좋으련만, 세상에는 도처에 이런 고객이 있고 당신이 대처할 방법도 그리 많지 않은 것이 현실이다. 하지만 걱정하지 마라. 거래용 고객들과는 그들이 원하는 방식대로 일해주고, 당신의 시간은 다른 관계형 고객들과 돈독해지는 데 사용하라. 고객 중에는 영업사원과 돈독한 관계를 유지하는 일의 필요성과 가치를 인지하는 사람도 있다. 그들은 당신의 방문이나 최신 정보 제공, 전화나 메일 알림을 가치 있게 생각한다. 이 두 가지 유형 고객에게는 각각에 맞는 방법과 맞지 않는 방법이 있다. 그것을 알려면 질문을 해야 한다.

skill of sales 61

문제해결 시간을 적절히 사용하라

당신 고객은 단 한 명뿐이고, 유일한 일은 그를 행복하게 해주는 것이라면 얼마나 좋겠는가? 하지만 불행하게도 영업은 많은 고객과 많은 문제를 대해야 한다. 당신은 몇 주에 걸쳐 모든 문제를 하나하나 해결할 수 있을 것이다. 영업을 제쳐놓고 그렇게 하기는 쉽다. 문제는 문제 해결에만 매달릴 수 없다는 것이다.

그럼 고객서비스의 정의를 내려보자. 고객에게 서비스하는 것은 그들의 문제를 모두 해결해 주는 것이 아니다. 보통 회사에서는 고객에게 문제가 발생했을 때 해결해 주는 사람을 따로 고용하고 있다. 고객센터, 청구서 발송팀, 관리부서, 신용부서 등이 그것이다. 회사는 당신이 고객의 문제를 해결해 준다고 해서 당신에게 수당을 지급하지 않는다. 당신의 매월 성과가 어떻게 평가되는지 알아보라. 판매 실적은 측정하지만 문제를 해결하는 양은 감안하지 않을 것이다.

당신 업무는 회사 내의 다른 어느 누구도 할 수 없는 방법으로 고객에게 서비스하는 것이다. 바로 관계를 서비스해야 하는 것이다. 그 의미는 당신이 소방수가 아니라 소방서장이라는 것이다. 문제해결 활동을 관리만 해주면 되는 것이다. 당신의 시간은 고객과 돈독하게 관계를 맺는 데 사용해야 한다. 지금 그리고 앞으로 영업사원으로서 입지를 더욱 강화하려면 든든한 고객 관계가 필요하기 때문이다. 즉, 영업사원 업무는 판매하는 것이지 문제를 해결이 아니란 말이다.

skill of sales 62

중요한 것은 제품의 기능이 아니다

토스터기 쇼핑을 즐기는 사람은 많지 않을 것이다. 하지만 토스트를 좋아하는 사람은 많다. 토스터기 영업사원이 자신의 토스터기가 왜 고객에게 안성맞춤인지 수만 가지 이유를 총동원해서 설명하는 장면을 상상해보자.

"아뇨, 잠깐만요! 들어보시라니까요! 전기가 각 열선마다 들어가고 열선 기능이 전기의 미세한 변화까지 모두 감지하는 최신 제품입니다. 가지 마세요, 더 있어요. 이 기계는 안전 기능이 있어서 기계의 겉은 바깥 온도와 같게 유지되고, 통합 열선 시스템이 일정한 온도를 유지하고 또…"

이 토스터기 영업사원에게 나쁜 소식은 지금 앞에 서 있는 고객은 열선 기능이나 안전 기능 따위에 신경 쓰지 않는다는 사실이다. 오히려 '이거 봐, 난 그냥 우리 집 주방의 분위기에 맞는 색상의 저렴한 토스터기를 찾고 있는 중이야'라고 생각할 것이다.

많은 영업사원이 고객에게 그다지 상관없는 사항을 너무 오랫동안 이야기한다. 해결책은 간단하다. 제품이나 서비스가 고객 모두에게 공통적으로 제공하는 것은 잊어버리고, 지금 앞에 있는 특정 고객에게 무엇을 해줄 수 있느냐에 집중하는 것이다. 무슨 기능이든 고객이 필요할 때에만 그 기능이 중요해지는 것이다.

당신 회사가 자랑하는 최신 제품에 흥분하기 전에 동료 영업사원이 어떻게 판매에 접근할 것인지 생각해 보라. 실력 없는 영업사원은 당장에 뛰쳐나가서 새로운 제품이 얼마나 대단한가에 떠들어댄다. "더 빠르고, 더 좋고, 더 깨끗하고, 더 매끄럽고, 더 하자가 없고, 더 오래가는…", "이것이 어떻고 저것이 어떻고…" 등등. 제품이나 서비스에 관점이 어디에 있는지 보이지 않는다.

그에 비해 성공적인 영업사원은 최신 제품이 고객의 기존 문제를 어떻게 해결해 줄 수 있는지를 설명한다. "속도가 빨라진 덕분에 다음과 같은 일을 하실 수 있고…, 기존 시스템과 매끄러운 결합으로 운영부서 직원들이 ~를 할 수 있고…."

이렇게 고객중심으로 이야기할 때 고객은 영업사원 이야기에 귀를 기울이게 된다. 고객이 제품 기능에 왜 신경을 써야 하는지 설명해야 한다. 잊지 마라. 다음에 회사에서 대단한 최신 제품이나 서비스를 출시하면, 이 질문을 떠올려보라.

'이것은 고객 ○○ 비즈니스에 어떤 도움을 줄 수 있을까?'

skill of sales 63

고객에게 계약이 아닌 가치를 제공하라

나는 예전에 들은 정치학 강의시간에 "능력에 따라 일하고 필요에 따라 분배한다"라는 마르크스주의자가 한 말을 아직도 기억한다. 하지만 세상은 마르크스주의자 말처럼 돌아가지 않는다. 모든 사람은 특별한 대우를 바라고, 아무도 손해 보려고 하지 않는다. 특히 계약을 할 때는 자연스러운 일이다. 일반적인 고객이라도 특별하다는 느낌을 받고 싶어 하고, 제일 좋은 계약을 맺기를 바란다.

모두 좋은 계약을 원한다. 그들에게 좋은 계약을 해줘야 한다. 일반적으로 고객은 가격을 낮춘 것을 좋은 계약일거라고 생각한다. 여기선 가격을 낮추라는 의미가 아니다. 대신 특별하거나 입맛에 맞는 설루션을 만들어 고객이 얻고 싶은 것을 그들이 원하는 방법으로 갖게 해주라는 이야기다. 모두가 제각각 다르다는 것을 잊으면 안 된다. 사람은 좋은 계약에 서로 다른 생각이 있다. 당신은 고객에게 어떤 것이 가치 있는지 질문해서 알아보고 당신과 당신 제품 그리고 당신 회사를 그 가치에 맞게 포지셔닝 해야한다.

가치를 생각할 때 고객 생각은 아마도 가능한 한 가장 낮은 가격으로 구매하는 일일 것이다. 그렇다면 그에 맞는 가격으로 계약을 제안하는 것은 당신의 몫이 된다. 제안서에 양보할 수 있는 가격을 기입하고, 모든 할인을 명확히 알 수 있도록 준비하라. 다음으로 제품의 특징이나 서비스가 가진 가치에 가격표를 붙이라. 예를 들어 고객이 제안서 내용 중 '헬프 데스크help desk' 서비스를 좋아한다면(24시간 지원센터 등), 그것을 그냥 전체 패키지의 일부분으로만 기입하지 마라. 그건 낭비다. 고객이 헬프 데스크를 가치 있게 생각하게 하는 방법은 그 서비스와 관련된 비용을 정확히 이해하도록 하는 것이다. 제안서에서 그 비용을 강조하라. 모든 가치에는 가격이 있다.

다른 한편으로, 고객은 좋은 계약이 공짜로 추가사항을 얻는 것이라고 생각할 수도 있다. 하지만 공짜는 없다. 추가하고자 하는 사항을 그냥 공짜로 주는 것처럼 하찮은 것으로 만들지 마라. 그것은 마치 "우리는 어차피 그냥 드릴 거예요. 가지셔도 돼요" 하고 이야기하는 것과 같다.

당신이 제공하는 제품이나 서비스를 '계약'의 일부분으로 서류에 기입하는 것은 당신 몫이다. 그렇게 하면 서류상에 있는 각각의 아이템들이 고객에게 가치를 인정받을 수 있을 것이다. 마지막으로 추가사항의 모든 비용을 합산해 보여주는 것 또한 당신 몫이다. 당신이 주는 것이나, 당신이 지불하는 비용을 고객이 알 수 있게 해야 한다. 고객에게 계약이 아닌 가치를 제공할 때 당신과 고객 모두 승리하게 된다. 고객이 그것을 굳이 계약이라고 부르고 싶어 한다 해도 말이다.

skill of sales 64

중요한 것은 고객의 인식이다

훈련된 판매 전문가로서 우리는 고객보다 비즈니스 이슈를 잘 알고 있다. 제품이나 서비스는 특히 더 그렇다. 그래서 우리 눈에는 당연하게 보이는 것도 고객은 쉽게 보지 못할 때가 있다.

우리는 구매자가 아니다. 판매자다. 그렇기 때문에 현실을 보는 우리 시각은 고객과 나눌 수 있을 때에만 중요성을 갖는다. 다른 말로 하면, 우리의 인식 자체는 그다지 중요하지 않다는 것이다. 그런데 인식의 문제는 고질적인 문제가 있다. 왜냐하면 우리의 인식과 고객의 인식이 다른 데도 무엇이 다른지 분간하기 어렵기 때문이다. 다른 점은 대화나 미팅의 저변에 깔려 있다가 경고도 없이 갑작스레 우리를 덮친다. 이처럼 숨겨진 인식은 영화 《타이타닉》에서 타이태닉호를 침몰한 숨은 빙산과도 같다.

예를 하나 들어보겠다. 내구성과 안정성이 높은 대형 사무기기를 판매한 적이 있다. 나는 이 사무기기의 경쟁적 이점인 각 기능을 전달하기 위해 많은 준비를 했다. 하지만 놀랍게도 내게는 인상적이었던 발표가 전혀 먹히지 않았다. 고객들은 반응이 없었고, 오히려 발표가 진행되면서 점점 더 적대적으로 변해갔다.

그 이유는 간단했다. 크기와 내구성을 생각하는 인식이 나와는 반대였고, 나 또한 고객의 인식을 이끌어 내거나 관리하지 못했다. 그렇기 때문에 크기를 강조한 발표는 득보다 실이 더 많았다. 고객 인식은 큰 것은 나쁘다는 것이었다. 큰 기계는 어설프고 한물간 기계라고 믿었다.

고객 인식에 나는 동의하지 않지만, 어쨌거나 그것이 고객 인식이고 그 시점에서는 변할 여지가 없었다. 사무기기 크기는 고객에게 무의미했다. 큰 것이 좋다, 큰 것이 나쁘다…, 누가 상관하겠는가? 고객이 "작은 것이 더 좋다"라고 하면 작은 것이 좋은 것이다. 그뿐이다. 나는 고객 생각을 인지하지 못했고 결국 그 판매 건은 작은 경쟁업체에 넘어갔다.

한 가지 유념할 점은 당신이 굳이 고객의 인식을 받아들일 필요는 없다는 사실이다. 사실 내가 판매하던 사무기기는 지속성이나 안정성에서 최고의 점수를 받았고, 그 이유는 바로 사무기기의 크기와 구성이었다. 그러므로 고객의 인식을 밖으로 끄집어내서 제대로 볼 수 있게 하는 것이 중요하다. 그렇게 된다면 판매 기술을 사용해서 고객의 인식을 바꿀 수 있다. 따라서 또 다른 타이타닉이 되지 말아야 한다. 고객의 인식을 밖으로 드러내게 해서 그것을 받아들여 당신의 전략을 바꾸든가, 아니면 고객이 인식을 바꾸도록 해야한다. 당신이 좌초되기 전에 빙산을 가라앉히는 것이다. 중요한 것은 오직 고객의 인식이다.

skill of sales 65

통제불가능한 일로 고민하지 마라

그다지 관심은 받지 못하지만 없으면 문제가 되는 판매 기술이 하나 있다. 바로 '통제할 수 없는 것' 때문에 스트레스를 받지 않는 기술이다. 바로 헛수고하지 않는 능력인데, 어떻게 이 기술을 사용하느냐는 당신 태도에 달려 있다.

나는 이 기술을 사용하지 못하는 영업사원을 만난 적이 있다. 결과는 예상대로 참담했다. 특히 한 사람이 떠오른다. 내가 만났을 때 그는 젊고 전도유망한 영업사원이었는데, 오래지 않아 스트레스 지수가 지붕을 뚫고 올라가버리고 말았다. 통제할 수 없는 것을 다루지 못하다 보니 성과는 물론이고 건강과 개인의 삶까지 끊임없이 곤두박질했다. 결국 회사에 오래 다니지 못했고, 그 이후 그가 어떻게 됐는지 모른다.

사실 이런 상황은 일어나지 않을 수도 있다. 그가 통제할 수 없는 일까지 모두 등에 짊어지지 않았더라면 말이다. 하지만 그러지 못했고, 이런저런 작은 문제가 그를 야금야금 갉아먹은 것이다. 당신은 '좀 모자라는 사람이군. 나라면 그 지경까지 가지 않았을 텐데!' 라고 생각할 것이다. 그러나 그 대답에 나는 확신할 수 없다.

유망한 영업사원이던 그에게 얽힌 통제할 수 없는 일을 알아보면 내부적으로 그는 제품이나 서비스, 보고 형식, 판매 구역, 매달 업데이트되는 가격 리스트, 월별 목표, 항상 더 어려워지는 분기별 목표 그리고 시간관리 방식, 지원 스태프들, 회사의 정책과 일처리 과정, 또 매니저의 기분 등 끊임없는 변화를 감당해야 했다. 하지만 이게 다가 아니었다. 외부에서 오는 문제도 있었다. 고객의 결정 프로세스, 새 경쟁상대, 서비스 문제, 미팅 연기, 도로 공사, 나쁜 날씨 등등. 이 영업사원은 매일 패배자 얼굴을 해서 사무실로 돌아왔다. 그에게는 너무 많은 짐이었던 것이다. 당신도 공감하는가? 나에게도 그런 날들이 있었다.

반면에 똑같은 양의 통제 안 되는 문제들에 부닥치면서도 인상을 찌푸리지 않는 영업사원이 존재한다. 그들은 어떻게 그럴 수 있는 걸까? 세상에서 가장 편안한 사람일 것 같은 성격에 굉장히 성공적인 영업사원에게서 들었던, 약간은 바보 같지만 재미있는 방법이 한 가지 있다. 좀 어린애 같은 발상이지만, 내가 아는 사람 몇몇이 이 방법을 따라 해서 괜찮은 결과를 얻었다. 방법은 이렇다. 자주 보는 곳에 이런 문구를 적어둔다.

"만약 통제가 안 되면, 내버려 두자!"

핵심은 이 문구를 자주 보면서 자신에게 지속적으로 메시지를 주는 것이다. 플래너 수첩이나 전화기, 어디든 괜찮다. 당신이 항상 볼 수 있는 곳에 붙여두고 보다 보면 조만간 당신 머리에 내용이 주입될 것이고, 그때쯤 문구의 수명도 다하게 된다. 통제되는 문제에만 신경을 쓰게 되는 것이다. 당신도 통제가 안 되는 문제들을 내려놓음으로써 스트레스를 통제하길 바란다.

skill of sales 66

고객으로부터 권리를 얻으라

'권리를 얻는다'는 표현은 영업사원이 오랫동안 사용해왔다. 그런데 이것은 정확히 어떤 말일까? 또 '권리를 얻었다'는 사실을 어떻게 알 수 있을까? 권리를 얻는다는 것은 간단히 말해서 고객에게 당신이 할 수 있는 일을 다 했다는 사실을 증명하는 일이다. 당신은 미팅을 제안할 권리를 얻고, 후속 미팅을 가질 권리를 얻는다. 또 프레젠테이션을 할 수 있는 권리를 얻고, 중요한 책임자와의 미팅을 마련할 권리를 얻는다. 그리고 마지막에는 주문을 물어볼 권리를 얻는다.

당신이 이러한 지위에 올랐는지를 확인하는 것은 그렇게 어렵지 않다. 간단한 테스트가 있다. 나는 이를 '용기 체크gut check'라고 부른다. 판매 사이클 내에서 언제든지 사용할 수 있다. 스스로 다음과 같은 질문해보라.

"나는 이곳에 있을 만한 자격이 있는가?"

"고객도 나와 같은 입장일까?"

"내가 해야 할 일들을 모두 마쳤는가?"

여기에는 많은 분석이 필요하지 않다. 용기만 필요할 뿐이다. 나는 용기가 나를 괴롭힌 어느 판매 미팅을 기억한다. 그때 나는 고객 반대에도 불구하고 고객에게 주문서에 사인해달라고 압박하고 있었다. 세일즈 콘테스트에서 이기고 싶었기 때문이다. 고객이 구매하고 싶은 제품이 아니었는데 말이다. 그때 내 용기가 "아직 어리군! 지금 누구를 속이려고 그래? 할 일이 더 있단 말이야. 아직 성사 단계가 아닌데 자꾸 압박하지 말라고!"라고 이야기했다. 나는 고객을 앞에 두고 나의 용기가 징징거리는 소리와 불평하는 소리를 들어야 했다. 나는 그것이 맞다고 생각했다. 권리가 없는 요청을 한 것이다.

계약을 마무리하는 단계라면 어떻게 해야 할까? 이때 나는 판매 격언 중 가장 중요한 하나를 생각했다. "모든 시도가 실패하면 고객에게 물어보라"라는 격언이다. 따라서 당신도 고객에게 "말씀해 주세요. 이제 저희가 다음 단계에서는 어떻게 하는 것이 타당할까요?" 하고 질문하면 된다.

대형 커미션이나 보너스 수표가 아니라면, 권리를 얻는 것이야말로 판매에서 최선이다. 특별한 보람도 있는데, 당신이 권리를 얻는 순간 고객에게서 볼 수 있는 즉각적인 행동 변화다. 고객이 당신을 정말로 신뢰하기 시작할 때의 낯설지만 중요한 변화 말이다. 그것이 권리를 얻는다는 것의 진짜 의미다. 그 순간부터 고객은 당신을 외부인처럼 생각하지 않을 것이고 그들 일원으로 당신을 대할 것이다. 그들이 어떻게 당신의 메시지에 응답하는지 지켜보라. 당신의 의견에 얼마나 공손하게 피드백 하는지 관찰해보라. 즉각 응답할 것이다. 최고는 고객이 판매 마무리 미팅 약속을 잡자고 연락해오는 것이다.

한 번은 내 친구 하나가 '권리를 얻는 것'이 무엇을 의미하는지 설명했다. 그의 고객은 아예 회사에 영업사원 책상과 전화를 놓으라고 할 정도였다. 고객이 "저희는 김 부장과 그의 회사와 함께 비즈니스를 하고 있으며, 원하시면 김 부장과 직접 이야기해보세요. 복도 끝에 그의 사무실을 마련해 주었으니까요!"라고 말할 경우 경쟁업체 반응이 어떨지 상상해 보라.

skill of sales 67

자신의 성과를 검토해보라

'계획, 실행, 검토'는 모든 영역에서도 중요한 콘셉트다. 우리는 앞에서 '계획'과 '실행'을 주제로 많은 이야기를 나누었다. 이제 '검토'를 알아보겠다.

작은 실험을 하나 제안하겠다. 중요한 미팅이나 전화를 마무리할 즈음 커피를 한잔 마셔라. 혼자서 커피를 마시며 생각에 잠기는 것이다. 그리고 자신에게 질문하라.

"좋아, 무엇이 잘 되었지? 아까 전화에서 가장 괜찮았던 부분은 뭐였지?" 그리고 이 질문도 해보라. "무엇이 잘못되었지? 만약 전화를 다시 할 기회가 생기면 무엇을 바꿔야 할까?" 만약 이 실험이 다음번 전화에서 당신의 접근 방식을 바꾸는 데 도움을 준다면, 또 이미 잘하고 있는 것을 더욱 보강할 수 있다면, 실험에 들인 시간과 커피 한 잔은 충분한 값어치가 있다. 그리고 이 실험을 습관화해보

자. 당신 계획표에 '계획→실행→검토'를 적어 놓거나 문구를 카드에 적어서 눈에 잘 띄게 컴퓨터 앞에 붙여두는 것이다.

검토가 자연스러워질 때까지는 그리 오랜 시간이 걸리지 않는다. 나에게는 그것이 자동이다. 어떤 종류가 되었든 판매 전화 때마다 하는 잠깐의 검토는 자신의 강점과 약점을 볼 수 있도록 해준다. 만약 자가 분석이 자신과 맞지 않는다면 단순화하여 이용해 보라. 그리고 이렇게 질문해보라.

"무엇이 잘 되었고, 무엇이 잘 안되었는가?"

엘리베이터를 타고 내려가는 시간 정도면 당신이 기술을 향상할 만한 좋은 아이디어 하나 정도는 떠올리며 검토할 수 있을 것이다.

skill of sales 68

고객의 거절을 즐겨라

어떤 제품도 저절로 팔리지는 않는다. 아무리 당신의 제품이 혁신적이어도, 서비스가 안정적이어도, 그것을 살 누군가를 찾아야 한다. 그 일을 하는 사람이 바로 영업사원이다. 과거에 나는 신규 고객 사무실에 들어가기 전에 불안에 떨던 적이 있었다. 초조한 마음에 지레 겁을 먹기도 했다. 만약 당신이 이런 상황에 놓인다면 잠시 고객 사무실을 둘러보라. 가구들, 벽에 걸린 그림들, 책상 위 전화기 같은, 그 안의 모든 것은 다 판매하고 구매한 물건들이다.

불안, 두려움, 절망 낮은 자아 상태에서 힘을 발휘하는 능력이 회복탄력성이다. 절망하더라도 다시 원래대로 돌아오는 마음의 근력이 회복탄력성이다. 회복탄력성이 좋은 영업사원은 넘어져도 금방 털고 다시 일어선다. 갈등을 하다 가도 다시 제자리로 돌아와 언제 그랬냐는 듯 열심히 일한다. 그럼 어떻게 하면 회복탄력성을 기를 수 있을까?

세일즈 회복탄력성을 기르려면 첫째, 거절을 즐겨야 한다. 세일즈 활동으로 만나는 고객의 90퍼센트는 거절을 한다. 그러므로 대처할 준비가 필요하다. 만약 거절을 당했다면 "좋아! 다음"이라고 스스로 말하며 다음 고객을 만나러 가면 된다. 얼마나 명쾌한 해결책인가? 당신 머릿속이나 수첩 속에는 가망고객이 여러 명 있을 것이다. 첫 번째 고객에게서 거절을 당했다 하더라도 다음에 만날 고객이 있으니 실망할 필요가 없다. 그리고 둘째, 끝까지 해내겠다는 굳은 결의를 해야 한다. 긍정적인 마음을 잃지 않고 뭐든 끝까지 해내는 근성은 자신감을 길러준다.

처음 세일즈를 하겠다고 들어온 영업사원을 보면 처음부터 아주 열정적으로 일하는 경우를 많이 본다. 희망을 갖고 부지런히 고객을 만나러 간다. 심지어는 주말에도 일하는 영업사원이 있는데 원하는 성과가 나오지 않으면 이내 실망하고 포기한다. 생각대로 일이 안 되면 낙담할 수 있다. 불안할 수도 있다. 그렇다고 이런 부정적인 감정의 구덩이 속에 계속 빠져 있을 수는 없다. 어떻게든 이 구덩이에서 탈출하고자 하는 노력을 해야 한다. "어떻게 하면 고객에게 제품을 판매할 수 있을까?"와 같은 질문을 하며 방법을 찾으려는 노력이 필요하다. 그러다 보면 구덩이에서 탈출하게 된다.

절망의 구덩이를 통과하면 자신감이 넘쳐난다. 무엇을 하든, 어떤 일을 겪든, 절망에서 다시 원래로 돌아오는 탱탱한 회복탄력성을 얻게 된다. 포기하고 싶은 순간에 포기하지 않는 정신력으로 버틴다면 당신은 성공적인 영업사원이 되어있을 것이다.

skill of sales 69

고객의 행복은 당신의 책임이다

우리가 인정하든 안 하든, 판매에는 특별한 책임이 따른다. 하지만 이는 당신의 업무 매뉴얼에 없을 것이고, 이를 완수한다고 해서 혜택이나 보너스를 받는 것도 아니다. 오히려 당신 역할을 이해하지 못하는 사람들에게 곧잘 눈살 찌푸림을 당하는 것이 현실이다. 그렇지만 영업사원은 고객의 행복에 책임이 있다. 당신은 그동안 얼마나 많은 불행한 고객을 상대해왔는가? 아마도 모든 종류의 불행한 고객을 만나봤을 것이다. 우리는 또 얼마나 많은 시간을 판매 후 지원에 열을 올려왔는가? '다른 사람이 문제를 풀어야지. 나는 영업사원인데'하는 생각을 하면서 말이다. 그리고 또 얼마나 많은 날을 고객 문제에 이끌려 우리가 계획한 것을 엉망으로 만들었는가? 우리를 대신해 줄 사람이 없어서 직접 고객 문제를 해결해 준 적이 몇 번인가?

슬픈 이야기다. 하지만 현실이다. 도망갈 수 없다. 그런데도 높은 성과를 올리는 영업사원이 되는 길에 놓인 어려움을 이해하는 사람이 많지 않다. 그 이유는 영업사원에게 고객을 행복하게 해주어야 하는 책임이 따른다고 보지 않기 때문이다.

자, 이제 현실을 점검해보자.

첫째, 고객의 행복은 우리 책임이라는 말이 틀린 말은 아니다. 고객 입장에서 생각해 보라. 고객이 어떤 문제에 직면했을 때 몇 천 개의 전화번호를 확인하는 일은 정말로 피하고 싶을 것이다. 결국 자신의 문제에 관심이 많은 사람, 즉 판매에 커미션이 걸린 사람이나, 문제가 없을 것이라는 약속과 확언을 한 사람, 그리고 가장 잘 아는 사람인 영업사원에게 전화를 걸 것이다.

둘째, 당신의 기대를 관리하면 당신의 상황 또한 관리할 수 있을 것이다. 고객은 더 빠르고 쉬운 해결 방법이 있으면 당신에게 전화하지 않는다. 고객은 문제 해결을 원하지 당신을 골치 아프게 하려고 하는 것이 아니기 때문이다.

이제 방법을 하나 주겠다. 서명한 주문서를 들고 고객을 떠나기 전에, 고객의 기대치를 가늠할 수 있는 시간을 가져보라. 그리고 당신 회사가 고객과 한 약속을 어떻게 이행할지 현실적으로 이야기하라. 우리는 브로슈어나 광고가 현실적이지 않음을 알고 있다. 모든 판매는 약간의 지연, 고장, 품질 문제 등으로 어려움을 겪는다. 그렇기 때문에 고객이 장점 외에 문제점을 알 수 있게 해주어야 한다.

그렇게 하면 피할 수 없는 문제가 발생하더라도 고객이 화를 내지 않을 것이다. 하지만 거기서 멈추면 안 된다. 고객에게 기대치를 정확히 잡아주고, 판매가 끝난 후에도 계속해서 지원을 아끼지 말아야 한다. 가능하다면 판매 후속 지원을 담당하는 직원을 만들어라. 그는 당신 회사에서 일을 해결하는 사람이고, 문제가 생겼을 때 그 자리에 있어줄 사람이다. 고객은 당신보다 더 쉽게 연락이 닿는 사람이 있으면 마음을 놓을 것이다. 당신의 판매 후속 지원 직원은 당신 이슈에 응답해 주기 위해 존재하는 것이다.

그리고 이게 다가 아니다. 문을 나서기 전에 마지막으로 고객에게 마음의 평화를 선사하라. 만약 그에게 어떤 문제가 생기더라도 당신이 해결해서 다시 행복하게 만들어주겠다는 것을 알게 하라. 고객을 행복하게 만들 책임은 늘 당신에게 있기 때문이다.

skill of sales 70

당신만의 나침반을 준비하라

간혹 나는 우리가 얼마나 변화에 집착하게 되었는지를 보고 놀란다. 왜 그럴까? 앨빈 토플러가 1970년에 이야기했듯이 변화를 원하는 집착은 두려움에서 비롯된다. 변화 자체가 두려운 게 아니라 변화가 우리의 삶에 가져오는 불확실성에 두려움을 갖게 된다. 변화의 물결은 점점 더 거세지고, 우리의 삶에도 영향을 미친다. 결과적으로 우리는 불확실성이 증가하는 사회에 살고 있는 것이다.

내가 이 주제를 이야기하는 이유는 판매업계는 지속적인 변화의 살아 있는 학습거리며, 우리는 그 속에서 많은 불확실성과 맞서야 하기 때문이다. 하지만 분명한 사실은 우리가 외부 변화에 거의 통제권이 없는 반면에, 변화가 우리에게 끼치는 영향에 통제권이 있다는 사실이다.

따라서 여기에 '인간 나침반'이라는 개념을 소개할까 한다. 당신

나침반은 당신을 이끄는 가이드다. 이것은 당신 기준, 가치, 도덕 그리고 기타 당신들로 이루어져 있다. 자연적으로 나침반 힘이 당신의 이미지가 된다. 당신 자신을 믿는다면, 당신이 추구하는 것을 믿는다면, 또 당신이 삶에서 어디로 향하고 있는지를 믿는다면, 당신은 강한 나침반을 가지고 있는 것이다. 그리고 어떤 방향에서 강력한 변화가 몰려온다고 해도 나침반이 당신을 인도해 줄 것이다.

나는 강한 나침반을 가진 사람이 빠른 변화 속에서도 비교적 차분하다는 것을 알게 되었다. 그들은 변화를 무시하지 않으며, 오히려 탐구한다. 그들은 변화를 자신이 향하는 길에 있는 하나의 길 정도로 생각한다. 삶의 변화를 두려워하기보다 기회로 받아들인다.

당신은 당신의 나침반을 어떻게 평가하는가? 그것을 더 강하게 하기 위해 당신이 할 수 있는 것이 무엇인가? 그냥 흔들거나 먼지를 털어버리면 되겠는가? 한 가지 분명한 것은 과거 어느 때보다 더 나침반이 필요하다는 사실이다. 삶에서 유일한 상수는 변화이기 때문이다.

성과를 이루는 영업의 기술 70

초판 1쇄 발행 2021년 10월 01일

글쓴이 김상범, 오정환

펴낸이 김왕기
편집부 원선화, 김한솔
디자인 푸른영토 디자인실

펴낸곳 (주)푸른영토
주소 경기도 고양시 일산동구 장항동 865 코오롱레이크폴리스1차 A동 908호
전화 (대표)031—925—2327, 070—7477—0386~9 팩스 | 031—925—2328
등록번호 제2005—24호(2005년 4월 15일)
홈페이지 www.blueterritory.com
전자우편 blueterritorybook@gmail.com

ISBN 979-11-973205-6-9 03320